하나님 음성 듣기

지금도 말씀하시는 하나님의 음성을 듣는 훈련

하나님 음성 듣기

이진황

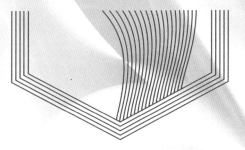

규장

　처음 이진황 목사님을 만났을 때 신학생이었던 그의 내면은 구름 같은 것으로 뒤덮여 있었다. 그는 자신을 신뢰하지 못하는 것 같았다. 그렇지만 그대로는 살 수 없어서 몸부림치는 청년 구도자였다. 그는 그 이유를 이 세상이 정해놓은 틀에 순응할 수 없기 때문이라고 말했다. 그의 몸부림은 매우 현저했다. 사실 나는 그 모습이 좋았다. 내 청년 시절을 보는 것 같았기 때문이다. 그의 내면에서 몸부림치며 타오르는 불길은 매번 나에게도 전달되었다.

　치열한 싸움이 무엇인지 알았던 또 다른 한 사람이 그를 보았다. 목사님이셨던 아버지와 어머니가 한순간에 사고로 세상을 떠나신 후, 혼자 남아 오로지 하나님만 의지하며 생명 같은 길을 걷던 청년, 지금은 그의 아내가 된 강은혜가 그를 본 것이다. 제대로 만났다. 그래서 이진황은 더욱 그대로 살 수 없었을 것이다. 두 사람은 그리스도의 보혈로 서로 섞이고 있었다.

　두 사람이 결혼하던 날, 나는 강은혜의 아버지가 되어 입장했고, 이진황에게 그녀를 맡겼다. 그리고 다시 주례자가 되어 그들을 그리스도 안에서 묶었다. 이진황은 강은혜와 더불어 새로운 길을 걸어갔다. 나는 그들의 뒤를 바라보는 환희를 누렸다.

그들의 내적 싸움은 미국 유학생활을 마치고 돌아온 후 청년들을 가르치는 목회 현장에서도 강력하게 드러났다. 그는 청년들을 살리려는 열망에 사로잡혀 목회했다. 그가 찾았고, 만났고, 경험한 선명한 복음을 어떻게 잘 전할 것인지를 두고 몸부림친 것이다. 두말할 것도 없이 그의 가르침을 들은 청년들은 변했고, 폭발했다.

그런 까닭에 그가 쓴 《하나님 음성 듣기》가 일반적인 이론서가 아닌 것을 안다. 현장에서 청년들을 가르치면서 그들과 함께 듣고 보고 경험한 하나님의 음성을 정리한 것이기 때문이다. 청년들에게 더 알려주고 싶은 열망으로 썼기 때문이다.

이 책을 읽는 사람들은 그 놀라운 경험에 동참하게 될 것이다. 하나님의 음성을 듣는 놀라운 길을 찾게 될 것이다. 그 놀라운 꿈을 같이 꾸며 추천의 글을 쓴다.

하정완 | 꿈이있는교회 담임목사

2018년을 마무리할 즈음, 하나님께 이런 질문을 드렸습니다.

"주님이 원하시는 삶의 방향은 어떤 것입니까? 주님이 저와 우리 청년 공동체에 원하시는 것이 무엇입니까?"

며칠 동안의 기도와 묵상 가운데 하나님께서는 두 가지 믿음의 방향성을 말씀해주셨습니다.

"하나님과의 동행, 그리고 하나님의 음성을 듣는 삶."

그리 대단한 것도, 그리 놀라운 응답도 아니었습니다. 내심 기대했던 것만큼 그럴싸한 방향성을 가진 것도 아니었습니다. 한동안 하나님과의 동행, 그리고 하나님의 음성을 듣는 묵상에 대한 말씀에 집중하고 있던 터라 이 음성을 스스로 가볍게 여겼는지도 모르겠습니다.

사실 크리스천에게 가장 큰 축복은 물질이나 명예가 아닙니다. 바로 하나님과 동행하는 것입니다. 창조주 하나님께서 '나'라는 존재와 함께 걷고 계신다는 상상만으로도 우리는 행복할 수 있습니다. 그런데도 "저는 지금 행복합니다"라고 쉽사리 말하지 못하는 이유는 하나님과의 동행이 우리의 오감으로 느껴지지 않기 때문입니다. 아무리 '임마누엘의 하나님'을 선포한다 할지라도 우리가 그것을 믿지 못한다면, 그것이 내게 무슨 의미가 있겠습니까? 물론, 우리가 그분을 느끼지 못하는 순간에도 '하나님이 우리와 함께하십니다'라는 것은 분명한 사실입니다.

부모의 손을 잡고 걸어가는 아이에게는 두려움이 없습니다. 당당합니다. 우리가 이 세상에서 당당히 살아갈 수 있는 이유도 우리의 손을 여전히 잡고 계시는 하나님 때문입니다. 우리가 그분의 손을 놓을지언정, 그분이 먼저 당신의 손에서 우리의 손을 놓으시는 일은 없습니다. 우리가 그분을 포기하기 전에, 하나님이 먼저 우리를 포기하시는 일도 없습니다.

우리가 하나님의 손을 계속 잡고 있기 위해서는 내 손에 쥐고 있던 것을 놓아야 합니다. 주님의 손을 계속 붙잡고 동행하기 위해서는 내 것을 버려야 합니다. 마치 주님의 부르심에 그물을 버리고 따른 제자들처럼 말입니다.

말씀 자체이신 하나님

12월 마지막 주 어느 날 새벽, 하나님께서는 그런 음성으로 저에게 다시 당신과의 동행을 요청하셨습니다. 그리고 곧 들린 음성은 단순한 동행이 아닌, 하나님의 음성을 듣는 삶에 관한 것이었습니다.

하나님의 음성을 듣는 것을 하나님의 음성(voice)을 귀로 듣는 것으로만 단편적으로 이해하면 큰 오류를 범하게 됩니다. 하나님의 음성은 소리(voice), 생각(thought), 이미지(image) 등 우리의 모든 감각을 통해서 들을 수 있습니다.

하나님의 음성을 들을 수 있는 가장 기본적인 통로는 말씀(Word)과 기도(Prayer)입니다. 그중 하나님의 말씀(Word)은 가장 우선적이면서도 본질적인 요소입니다. 말씀이 없는 기도는 아무 의미가 없습니다. 하나님은 말씀 그 자체이시기 때문입니다.

태초에 말씀이 계시니라 이 말씀이 하나님과 함께 계셨으니 이 말씀은 곧 하나님이시니라 요 1:1

이 말씀 위에 모든 기도와 사역, 봉사가 세워지는 것입니다. 그러므로 하나님의 음성은 소리가 아닌, 말씀(Word)으로 이해해야 합니다. 그 말씀이 다양한 방법으로 우리에게 음성으로 들리는 것입니다. 문제는 우리가 하나님의 음성을 너무 단순하고 쉽게 듣고, 생각하고, 받아들인다는 사실입니다.

청년들과 상담을 하다 보면, 자기가 하나님의 음성을 들은 것 같다면서 슬그머니 상담 받을 주제를 꺼내놓는 이들이 있습니다. 그런데 그 음성의 출처를 물어보면 말씀이 아닌, 사람에게 들은 경우가 많습니다. 물론 하나님이 사람을 통해서도 말씀하신다는 사실을 부정하고 싶지는 않습니다. 그러나 사람을 통해 듣는 하나님의 음성에 익숙해지면 우리의 귀는 가벼워집니다. 그래서 하나님 음성의 본질인 말씀을 찾기보다 상담자를 찾아가는 쉬운 길을 선택합니다. 이것이 하나님의 음성에 대한 왜곡을 불러올 수 있습니다.

이렇게 생각해봅시다. 하나님이 나를 사랑하시는 분이라면, 내게 가장 중요한 문제에 대한 대답을 굳이 내가 아닌 다른 사람에게 하실까요? 우리가 배우자에 대해 간절히 기도하고 있다고 합시다. 배우자는 평생의 반려자입니다. 인생에서 정말 중요한 문제이지요. 그런데 이렇게 중요한 문제에 대해 하나님이 내게 말씀하지 않으실 이유가 없습니다.

만일 기도를 하면서도 하나님이 내게 말씀하실 것이란 확신이 없다면, 세상 사람들이 무당이나 점쟁이를 찾아가듯 목회자를 찾아가 하나님의 음성을 구하는 오류를 범할 수 있습니다. 목회자는 우리가 하나님의 음성을 더 잘 들을 수 있도록 옆에서 훈련해주고 도와주는 조력자이지, 하나님으로부터 우리를 향한 예언을 듣고 전해주는 영매(靈媒)가 아닙니다.

지금 이대로 괜찮은가?

우리는 인스턴트식으로 주어지는 음성에 주의해야 합니다. 곧 각 사람에게 말씀하시는 하나님의 음성(레마)에 더 민감하게 반응하며, 분별에 힘써야 합니다. 그러기 위해서는 하나님과의 일대일 관계(하나님과의 동행)가 중요합니다. 그분과 관계가 깊어질수록 우리는 매일의 삶에서 나에게 주어지는 그분의 음성을 들을 수 있을 것입니다. 그러면 우리가 문제라고 여기는 많은 것들이 더 이상 문제가 되지 않는다는 사실을 깨닫게 됩니다. 하나님이 우리에게 말씀하시기 때문입니다. 우리는 그 말씀을 듣기만 하면 됩니다.

이렇게 하나님과의 동행과 하나님의 음성은 서로 영향을 미칩니다. 즉 우리의 신앙생활과 밀접하게 연결되어 있습니다. 그렇기에 우리는 믿음의 문제에 대해 고민해야 합니다. 이는 우리와 하나님과의 본질적인 관계의 문제이기도 합니다.

'과연 우리는 이대로 괜찮은 것인가?'

저는 하나님이 제게 이렇게 질문하시는 것 같았습니다. 하나님을 믿는다고 하지만, 매일의 삶에서는 전혀 하나님과 관계없이 살다가 일주일에 한 번 하나님과 관계를 맺는 것에 익숙해져 버린 이 시대의 크리스천 청년들에게 하나님의 마음을 전달해야만 할 것 같았습니다. 그래서 하나님의 음성에 대한 훈련을 시작했고, 이 훈련을 통해 청년들이 변화하는 모습을 볼 수 있었습니다. 그들의 변화는 저에게도 도전이 될 정도로 진정성 있는 변화였습니다.

하나님은 지금도 말씀하고 계십니다. 다만, 우리가 듣지 못하고 있을 뿐이지요. 저는 우리의 모든 순간순간이 그분의 음성으로 채워지는 날을 고대하며 하나님의 음성 듣기 훈련을 시작해보시길 권면합니다. 비록 부족하지만, 이 책이 그 훈련에 도움이 될 수 있기를 바랍니다.

이 책이 나오기까지 도움을 주신 고마운 분들이 계십니다. 가장 먼저 하나님께 이 모든 영광을 올려 드립니다. 하나님께서는 언제나 저를 가장 선한 길로 인도해주셨습니다. 그리고 부족한 저를 이끌어주신 드림교회 박장혁 담임목사님과 성도님들, 그리고 저의 자랑인 드림교회 청년 공동체, 늘 눈물과 기도로 후원해주시는 아버지 이준석 장로님과 어머니 김종구 권사님, 사랑하는 가족들, 제 삶의 멘토이신 하정완 목사님, 서은희 사모님, 그리고 보잘것없는 저를 격려해주신 규장의 여진구 대표님과 모든 식구들께 감사드립니다. 마지막으로 제 호흡의 이유가 되어주는 아내 강은혜, 딸 인아, 그리고 하늘에 계신 장인어른 강창규 목사님과 장모님 김미영 사모님께 감사드립니다. 늘 기억하겠습니다.

CONTENTS

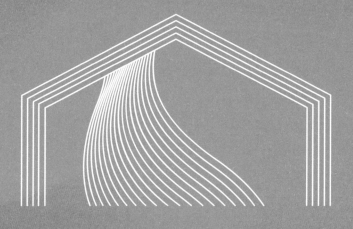

PART 1

하나님의 음성을 알자

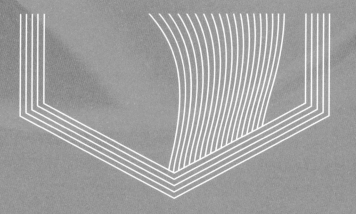

chapter 01

말씀 vs. 소리

'하나님의 음성이란 무엇입니까?'

'어떻게 하면 하나님의 음성을 들을 수 있습니까?'

많은 크리스천이 가지고 있는 질문일 것입니다. 실제로 오랫동안 신앙생활을 하신 분들도 '하나님의 음성'이 하나님께서 육성으로 말씀하시는 것인지 아니면 내 마음의 생각을 통해 말씀하시는 것인지, 또 그것이 하나님의 음성인지 아니면 내 생각인지 잘 모르겠다고 말합니다. 이는 우리가 '하나님의 음성'이라는 표현을 사용하면서도 실제로는 그 의미를 정확하게 알지 못하고 있다는 뜻이기도 합니다. 그래서 우리가 하나님의 음성이 무엇인지 이해하는 데 길잡이 역할을 해줄 만한 네 가지 질문들을 생각해보았습니다.

- 하나님의 음성이란 무엇인가?
- 어떻게 하면 하나님의 음성을 분별할 수 있는가?
- 우리는 왜 하나님의 음성을 듣지 못하는가?
- 어떻게 하면 하나님의 음성을 들을 수 있는가?

사실, 하나님의 음성 듣기는 어떤 프로그램이나 훈련이 아닙니다. 크리스천이라면 당연히 일상 속에서 하나님의 음성을 들을 수 있어야 합니다. 우리는 어찌 보면 너무나 당연해야 할 이런 일상이 특별한 무엇이 되어버린 영적 비극의 시대를 살아가고 있는지도 모르겠습니다.

하나님의 음성을 듣는 훈련에 도움이 되고자 하는 이 글에도 그리 특별한 무엇이 담겨 있지는 않습니다. 극적인 감동 스토리도 없습니다. 다만, 신앙의 여정 가운데서 저에게 들려주시고 경험케 하신 하나님의 음성을 담았을 뿐입니다. 크리스천이라면 이미 들었거나 경험했을 수도 있습니다.

그렇다면, 우리에게 하나님의 음성을 듣는 훈련이 필요한 이유는 무엇일까요? 일상 속에서 그냥 지나쳤던 하나님의 음성을 분별하고 삶에 적용할 수 있도록 하기 위함입니다. 하나님의 음성을 무심코 흘려버리며 둔감해진 우리의 영적 민감함을 다시 회복하고자 함입니다. 우리는 이것을 '영성의 회복'이라고 부르기도 합니다. '하나님의 음성 듣기 훈련'을 통해 무뎌진 우리의 영성이 다시 하나님의 음성에 집중할 수 있기를 소망합니다.

무엇을 기대하는가

영어 성경에서는 '하나님의 음성'을 'the voice of God'이라고 표현합니다. 이처럼 우리는 음성을 대부분 '소리'로 한정짓습니다. 그러나 보다 더 정확한 영어 번역은 'the Word of God', 즉 하나님의 말씀입니다. '말씀'은 소리(voice)뿐만 아니라, 글자(text)와 이미지(image)까지 포함합니다. 우리가 가지고 있는 이 하나님의 말씀은 수천 년의 역사를 거치는 동안 살아서 역사하신 하나님의 흔적이기에 글자에만 국한되지 않습니다.

성경을 읽을 때를 생각해보십시오. 그 말씀이 나에게 체화(體化)되어야 우리의 오감이 하나님의 흔적을 경험할 수 있게 됩니다. 그때에야 그 말씀이 오늘 나에게 주어지는 말씀이 되는 것이지요.

이제부터는 '하나님의 음성'을 소리가 아닌 하나님의 말씀으로 이해해야 합니다. 그래야 하나님의 음성이 다양한 방법으로 우리에게 들릴 수 있다는 사실을 놓치지 않게 됩니다. 즉 우리는 하나님의 음성을 직접 들을 수도 있고, 성경 말씀을 통해 들을 수도 있으며, 꿈이나 환상으로도, 사람을 통해서도 들을 수 있습니다.

여기에서 한 가지 주의해야 할 사실이 있습니다. 우리는 하나님의 음성을 들을 때 우리가 원하는 방법, 쉬운 방법으로만 듣고자 한다는 점입니다. 솔직히 우리는 성경 말씀으로부터 하나님의 음성을 들으려 하기 보다 사람들에게서 주어지는 조언에 더 솔깃합니다. 큰 노력을 들이지 않아도 나를 깨우치고 나에게 득이 되는 말을 들을 수 있기 때문입니다. 그러나 "쉽게 번 돈은 쉽게 나간다"라는 말처럼 하나님의 음성을 듣기 위해 노력하지 않는다면, 그 음성은 그리 오래 가지 못할 것입니다. 이는 그것이 하나님의 음성이냐 아니냐의 문제가 아니라, 하나님의 음성에 반응하는 우리의 지속적인 열정과 태도에 대한 문제입니다.

만약, 10분을 기다렸다 먹어야 하는 음식이 있다고 가정해봅시다. 그 음식을 3분 만에 먹었을 때와 10분을 채워서 먹었을 때의 맛은 전혀 다를 것입니다. 최상의 맛을 위해서는 10분을 채워야 하기 때문입니다. 이때 그 음식의 맛을 결정하는 것은 먹는 사람이 얼마나 잘 인내하느냐, 즉 그 사람의 태도에 달려 있습니다.

혹 인스턴트식으로 하나님의 음성을 들으려고 하지 않습니까? 인스턴트 음식은 말 그대로 인스턴트, 빠르고 간편하게 먹을 수 있지만 건강에는 그리 좋지 않은 경우가 많습니다. 게다가 사람의 입맛을 보편화시키는 상업적인 음식입니다. 우리가 빨리, 또 쉽게만 하나님의 음성 듣는 것을 좋아하거나 그런 것에 익숙해져 있다면, '나'라는 존재를 향한 하나님의 뜻과 계획하심이 아니라 모든 사람에게 보편적으로 적용할 수 있는 일반적인 하나님의 음성에 만족할 수밖에 없습니다.

대학입시를 앞둔 수험생들은 모두 고득점을 원합니다. 심지어 내가 공부한 것보다 더 높은 점수를 받고 싶어 합니다. 그래서 수능 때가 되면 교회, 절 할 것 없이 수많은 부모가 모여 자녀의 시험을 위해 기도합니다. 교회에서도 언제부턴가 '수능 기도회'라는 이름으로 모이기 시작했고, 각 영역 시간에 맞춰 자녀를 위해 중보기도 하는 모습이 보편화 되었습니다. 수능 기도회에서 자주 사용되는 구절 중 하나가 바로 이 말씀입니다.

> 아무것도 염려하지 말고 다만 모든 일에 기도와 간구로, 너희 구할 것을 감사함으로 하나님께 아뢰라 그리하면 모든 지각에 뛰어난 하나님의 평강이 그리스도 예수 안에서 너희 마음과 생각을 지키시리라
> 빌 4:6,7

이 말씀을 보편적으로 적용한다면, 수능을 보고 있는 자녀에게 두려움과 걱정, 불안함이 없도록 해달라는 피상적인 음성으로만 들을 수 있습니다. 수능을 보고 있는 자녀에게 집중한 나머지 이 말씀을 '수능 당일, 내 자녀'에게만 한정시켰기 때문에, 수능을 보는 자녀를 위해 기도하는 모든 부모가 들을 수 있는 일반적인 음성이 되어버린 것입니다. 그러나 이 말씀을 가지고 묵상하다 보면 여기에는 더 큰 하나님의 뜻이 있다는 사실을 발견하게 됩니다.

• 자녀의 불안함과 걱정이 아니라, 기도하고 있는 당신의 불안함과

걱정을 내려놓아라.

- 걱정과 근심 때문에 기도하고 간구하는 것이 아니라, 하나님께 간구할 수 있음에 먼저 감사하라.
- 이미 하나님은 시험을 보고 있는 자녀에게 평안을 허락하셨다. 그 믿음으로 이제 당신의 마음과 생각을 지켜라.
- 하나님은 당신이 예수 안에 거할 때 하나님의 평안을 허락하신다. 지금 당신은 예수 안에 거하고 있는가?
- 우리의 마음과 생각을 지킬 수 있는 방법은 오직 예수와 함께할 때이다. 지금 당신은 누구와 함께하는가?
- 지금 당신이 기도하고 있는 궁극적인 이유는 무엇인가? 단순히 자녀의 수능 성적을 위해서인가? 아니면, 당신의 자녀가 모든 지각에 뛰어난 하나님을 알고, 그분께 구할 수 있음에 감사하는 믿음의 자녀로 살아가게 하기 위함인가?

이렇게 말씀을 조금만 더 깊이 묵상하고 들어가면, 하나님이 나에게 허락하시는 음성이 분명하게 있다는 사실을 알게 됩니다. 물론, 신앙의 일반적인 원리들이 있습니다. 보편적으로 들을 수 있는 원리들이 있습니다. 그러나 크리스천으로서 하나님과의 일대일 관계 가운데 나를 향한 그분의 음성을 들을 수 있다면, 그것만큼 우리의 영적 삶에 큰 축복은 없을 것입니다. '나'라는 한 사람을 향한 하나님의 음성, 하나님의 비전, 하나님의 꿈이 들린다면, 아마도 지금 우리가 고민하는 문제들은 그리 큰 문제가 되지 않을 것입니다.

하나님의 음성을 쉽게 들으려 하지 않았으면 좋겠습니다. 설령 쉽게 들었다 할지라도, 그 음성에 우리의 영적 에너지를 투자했으면 좋겠습니다. 그럴 때, 우리는 비로소 하나님의 음성에 대한 분명한 확신 속에서 당당히 걸어 나갈 수 있을 것입니다.

확신을 확인하라

미국에서 신학대학원 졸업을 2학기 남겨 놓은 어느 날, 기도를 하던 저에게 문득 이런 생각이 들었습니다.

'하나님, 제가 박사 학위를 원하는 것은 아니지만, 그래도 이렇게 유학까지 와서 공부했는데 어느 정도의 보람은 있어야 하지 않을까요? 저도 박사 과정에 지원해보면 안 될까요?'

그래서 이에 대해 기도하다가 평소 관심이 있던 설교학 박사 과정을 알아보았습니다. 사실 당시 제 상황으로는 도저히 박사 과정을 준비할 수 없었습니다. 아내는 임신으로 부른 배를 안고 공부와 사역을 병행하는 상태였고, 저도 학업과 사역을 하며 세탁소와 학교에서 일하던 때라 모두가 힘겨운 시간을 보내고 있었기 때문입니다. 그러나 이런 마음도 하나님이 주신 기회라고 생각해서 매일 밤 10시부터 새벽 2시까지 도서관에 앉아 박사 과정 지원에 필요한 논문을 준비했습니다. 쉽지는 않았지만, 유학의 결실을 맺는다는 마음으로 하루에 서너 시간씩 자면서 열심히 준비했습니다.

그리고 몇 달 뒤, 제가 지원한 토론토 대학교에서 박사 과정에 합격했다는 메일을 받았습니다. 유학 시간에 대해 하나님이 칭찬해주시는 것 같아 참 행복했습니다. 그러나 예상치 못한 복병이 생겼습니다. 저에게 주어지는 장학금이 생각했던 것에 못 미치는 금액이었던 겁니다. 이 문제를 놓고 기도하면서 이런저런 방법을 찾아다녔고, 아내와 함께 매일 밤 기도하는 시간을 가졌습니다. 그러다 어떤 간증 하나가 생각났습니다.

'그래, 어떤 분의 간증을 들으니까 공부를 하고 싶은데 돈이 없어서 포기하려고 할 때 기도하던 가운데 하나님께서 그 학교의 총장을 만나게 하셔서 공부할 수 있는 길을 열어주셨지. 나도 하나님께서 박사를 할 수 있도록 길을 열어주실 거야!'

이런 마음으로 거의 두 달을 기도했습니다. 하지만 아내와 제 마음은 계속 불편하기만 했습니다. 그러던 어느 날 기도 중에 저와 아내에게 이런 음성이 들렸습니다.

"너는 원래 박사 진학하려고 했던 게 아니잖아. 유학 기간 동안 네가 열심히 공부했다는 것을 나에게 인정받으면 충분하다고 했었지. 네가 유학을 온 목적이 무엇이냐?"

무언가 크게 뒤통수를 맞은 느낌이었습니다. 저는 유학을 마치면 한국에 돌아가서 청년들과 함께 하나님이 원하시는 하나님의 나라를 세워나가는 것이 제 유학의 이유이자 사역의 비전이라고 고백했었습니다. 하나님은 일상에 치여 잊고 있었던 이 비전을 저에게 다시금 분명하게 말씀해주신 것입니다.

이 하나님의 음성을 들은 저희는 과연 이 음성이 하나님의 음성인지, 아니면 도저히 풀리지 않는 상황 속에서 스스로 합리화하려는 우리의 생각인지를 알기 위해 더 간절히 기도하기로 했습니다. 우리의 영적 에너지를 이 기도에 집중했습니다. 산후풍으로 몸이 찢겨질 것 같은 고통 속에 있던 아내도, 매일 정신없이 학업과 사역, 아르바이트를 하며 살아가던 저도 하나님의 음성에 대해 더 집중해서 기도하고 묵상했습니다.

박사 과정에 진학할지 말지를 결정해야 하는 날이 가까워오는 데도 상황은 전혀 풀릴 기미를 보이지 않았고, 모든 길이 막혀 있는 듯했습니다.

그러다 2015년 3월 27일, 하나님은 기도하는 가운데 저와 아내에게 이 말씀을 주셨습니다.

또 무리에게 이르시되 아무든지 나를 따라오려거든 자기를 부인하고 날마다 제 십자가를 지고 나를 따를 것이니라 눅 9:23

제자도에 대한 주님의 이 말씀은 저와 아내가 제자훈련을 받을 때 암송하던 말씀이었습니다. 이 말씀을 받은 그날 밤, 저는 토론토대학교에 진학 포기 메일을 보냈습니다. 그리고 하나님께 눈물로 회개와 감사의 예배를 올려드렸습니다.

이후 한국으로 돌아오는 과정은 너무도 순탄하게 진행되었습니다. 일주일 만에 유학의 삶이 모두 정리되었고, 저희는 졸업 후 한국에 돌아와서 청년 사역을 할 수 있는 곳을 기도하며 기다렸습니다. 그리고 하나님은 지금 섬기고 있는 청년 공동체로 저희를 보내주셨습니다.

박사 진학을 포기하고 한국으로 돌아오게 하신 하나님의 음성은 절대 틀리지 않았다고 생각합니다. 가끔 왜 박사를 하지 않고 돌아왔는지 물어보시는 분들에게 저는 말합니다.

"하나님은 저에게 박사가 되기보다 이곳에서 청년들과 하나님의 나라를 꿈꾸며 세워나가라고 말씀하셨습니다."

이렇게 확신할 수 있는 이유는, 저와 아내가 하나님의 음성을 쉽게 들은 게 아니기 때문입니다. 하나님의 뜻을 알기 위해 우리는 석 달 동안 간절하게 부르짖었습니다. 하나님의 음성이 들린 이후에도 그것이 내 생각인지, 아니면 정말 하나님이 우리에게 말씀하시는 것인지를 분별하기 위해 또 간절히 부르짖었습니다. 그리고 결국 주님은 저와 아내가 순복할 수밖에 없는 누가복음 9장 23절의 말씀으로 모든 것을 정리해주셨습니다.

하나님의 음성은 이렇게 분명합니다. 내 생각인지 하나님의 음성인지 모르겠다는 분들이 많은데, 어쩌면 그것은 하나님의 음성을 너무 쉽게 들으려 했다는 반증일 수도 있습니다. 우리는 하나님의 음성을 최대한 어렵게 들어야 합니다. 그분의 음성이 너무 쉽게 들렸다고 여겨진다면, 그 음성에 대해 영적 에너지를 투자하시기 바랍니다. 조금 더 어렵게 그 음성을 들으시기 바랍니다. 그러면 하나님의 음성에 대해 그만큼 더 분명한 확신을 갖게 될 것입니다.

chapter 02

하나님의 음성을 분별하라

우리는 일상에서 너무도 많은 음성을 들으며 살아갑니다. 단순히 소리의 문제만은 아닙니다. 우리가 매일 접하는 SNS, 인터넷, 스마트폰, TV, 라디오, 광고, 게임 등 일상에서 접하는 많은 것들이 우리에게 음성으로 다가옵니다. 우리는 직·간접적으로 그 소리의 영향을 받습니다. 그러나 대부분의 음성은 우리 내면에 혼란을 일으키고 질서와 정돈보다는 어지러움을 주는 경우가 많습니다. 우리의 오감은 이미 이런 음성들에 노출되어 있고, 어떤 사람들은 깊이 중독되어 벗어나기 어려운 지경에 이르기도 합니다.

물론, 이런 세상의 음성들 가운데에도 하나님의 음성이 존재합니다. 우리가 놓치고 있을 뿐, 하나님은 끊임없이 우리 삶의 한 부분

한 부분에서 말씀하고 계시고, 당신의 뜻과 마음을 보여주고 계십니다. 앞 장에서 살펴본 것처럼 하나님의 음성은 단순히 소리만이 아니며, 우리 마음의 생각, 눈에 보이는 이미지들, 사람의 소리, 심지어 자연을 통해서도 여전히 말씀하십니다.

출처를 확인하라

그렇다면 세상의 다양한 소리 속에서 어떻게 하나님의 음성을 들을 수 있을까요? 하나님의 음성을 분별하는 기준을 알아야 하나님의 음성을 올바로 들을 수 있습니다.

하나님의 음성을 분별하는 가장 기본적인 질문은 내게 들리는 이 음성의 출처가 어디인가?' 하는 것입니다. 지금 나에게 들리는 이 음성이 하나님의 음성인지, 내 음성인지, 사탄의 음성인지 분별해야 한다는 것입니다. 사탄이라는 존재는 악한 영적 세력이지만, 절대 빨간 뿔이 달린 모습으로 나타나지 않습니다. 우리가 좋아할 만한 모습, 그럴싸한 모습으로, 달콤함으로 다가옵니다. 정말 하나님의 음성인 듯 착각하게 만든다는 것입니다. 사탄은 하나님의 음성을 가장해서 우리에게 혼란을 주고, 미혹한다는 사실을 잊지 말아야 합니다.

사도 바울은 디모데에게 이렇게 말합니다.

성령께서 환히 말씀하십니다. 마지막 때에, 어떤 사람들은 믿음에서 떠나, 속이는 영과 악마의 교훈을 따를 것입니다. 그러한 교훈은, 그

양심에 낙인이 찍힌 거짓말쟁이의 속임수에서 나오는 것입니다.

딤전 4:1,2, 새번역

저는 우리가 믿음에서 떠나거나, 속이는 영이나 악마의 교훈을 따라 거짓말쟁이의 속임수에 넘어가지 않기를 간절히 바랍니다. 예수님도 말씀하십니다.

그때에 누가 너희에게 말하기를 '보시오, 그리스도가 여기 계시오' 혹은 '아니, 여기 계시오' 하더라도, 믿지 말아라. 거짓 그리스도들과 거짓 예언자들이 일어나서, 큰 표징과 기적을 일으키면서, 할 수만 있으면, 선택받은 사람들까지도 홀릴 것이다. 마 24:23,24, 새번역

때로 악한 세력은 하나님의 일을 감당하는 이들과 구분하기 어려울 정도로 위장해서 우리에게 접근합니다. 그들의 의도는 분명합니다. 우리를 하나님으로부터 끊어내는 것, 하나님과 우리의 관계를 단절시키는 것입니다. 마치 아담과 하와에게 매우 그럴싸한 이유를 대면서 선악과를 보여주고 미혹한 것과 마찬가지입니다. 결국 아담과 하와는 하나님과의 관계에서 단절을 경험합니다.

말씀에 익숙해져라
예수님은 양은 그 목자의 음성을 듣는다고 말씀하셨습니다. 당연합

니다. 그 음성에 익숙하기 때문입니다.

> 내가 진실로 진실로 너희에게 이르노니 문을 통하여 양의 우리에 들
> 어가지 아니하고 다른 데로 넘어가는 자는 절도며 강도요 문으로 들
> 어가는 이는 양의 목자라 문지기는 그를 위하여 문을 열고 양은 그의
> 음성을 듣나니 그가 자기 양의 이름을 각각 불러 인도하여 내느니라
> 자기 양을 다 내놓은 후에 앞서 가면 양들이 그의 음성을 아는 고로
> 따라오되 타인의 음성은 알지 못하는 고로 타인을 따르지 아니하고
> 도리어 도망하느니라 요 10:1-5

여기에 분별의 비밀이 숨어 있습니다. 목자가 앞서가도 양이 그 뒤를 따라갈 수 있는 이유는 바로 '익숙함' 때문입니다. 매일 그 목자의 음성을 들었기 때문에 앞서가는 사람이 목자인지, 다른 사람인지 알 수 있습니다. 목자의 음성에 익숙해지면 제아무리 비슷한 사람이 와서 부른다고 해도 절대 따라가지 않습니다. 그러나 익숙하지 않으면 목자를 구별할 수 없습니다.

하나님의 음성을 분별할 수 있는 방법에는 여러 가지가 있겠지만, 제가 분명하게 말씀드릴 수 있는 방법은 바로 하나님의 말씀에 익숙해지는 것입니다. 한 분야에서 10년을 일하면 전문가가 된다고 합니다. 그런데 만일 누군가 당신에게 이렇게 질문한다면 무엇이라 답하겠습니까?

"예수를 믿은 지 10년이 넘은 당신은 신앙의 전문가라고 자부할 수 있습니까?"

아마도 모태신앙인 분들은 전문가가 되고도 남았어야 합니다. 하지만 우리 중에는 스스로 믿음의 전문가라고 자신할 수 있는 사람보다 그렇지 않은 사람이 더 많을 것입니다. 우리는 10년의 세월 동안 믿음의 본질적인 요소라고 말하는 성경, 기도, 예배, 전도, 헌금 등 신앙생활에 익숙해지지 않았기 때문입니다.

여기서 익숙함이란, 양적인 익숙함이 아니라 질적인 익숙함을 말합니다. 주일이 되면 교회에 와서 예배 자리에 앉아 있고, 헌금하고, 교회에 일이 있으면 와서 앉아 있는 신앙생활은 기계적으로 양만 채우는 익숙함입니다. 이런 신앙생활에 익숙한 이들은 악한 자들에게 미혹 당할 여지만 주게 됩니다.

우리가 추구하는 신앙은 기계적이거나 양적인 것이 아닙니다. 예배의 자리에 나와서 전심으로 예배를 드리는 것, 온 마음을 다해 간절함으로 기도하는 것, 하나님께 진정한 감사를 담아 헌금을 드리는 것, 사랑하는 이들에게 다가가서 내가 만난 하나님을 진심으로 전하는 것···. 이런 질적인 익숙함으로 신앙생활을 채우고 있습니까? 그렇지 않다면 스스로를 믿음의 전문가라고 말하지 못할 것입니다.

다행인 것은, 아직 우리에게 주어진 시간이 있다는 것입니다. 지금부터라도 매일매일 목자 되신 주님의 음성을 듣는 연습을 해나가면 됩니다. 주님의 음성에 우리의 오감을 노출시키는 연습을 하면 됩니다. 그러면 우리도 그분의 음성을 들을 수 있습니다. 사탄이 아무리 주님의 음성을 흉내 낸다 해도, 우리를 미혹한다 해도, 분별할 수 있습니다.

주님의 음성에 더 민감해지시기 바랍니다. 그러면 양이 목자가 아닌 다른 사람의 목소리가 들릴 때 따라가기는커녕 도망가는 것처럼, 사탄의 음성에 저항하고 거부할 수 있습니다.

저는 2007년, 신학대학교 3학년 때 하나님을 제대로 만났습니다. 흔히 '하나님을 인격적으로 만났다'라고 표현하는 그런 만남 말입니다. 저는 '인격적'으로 만났다는 표현을 쓰기조차 너무 죄송하다는 생각이 듭니다. 그 하나님을 만나면서 제가 사람이라기보다 정말 추악하고 더러운 쓰레기라는 생각밖에 들지 않았기 때문입니다. '인격'(人格)이라는 것은 '사람의 품격', 특히 하나님 앞에서 피조물 된 사람이 가지는 품격을 말하는데, 저에게서는 그 품격이라는 것을 전혀 찾아볼 수가 없었습니다. 하나님 앞에서 얼마나 눈물로 회개했는지 모릅니다. 물론 하나님은 용서의 은혜를 베풀어주셨고, 너무도 귀한 은혜의 사람들을 만나게 하셨습니다. 그런데 무서운 것은, 어느 순간 사탄이 그 회개와 은혜 사이에서 만족하고 있던 제 내면의 틈을 비집고 들어오더라는 것입니다.

'이 정도면 됐어. 하나님도 용서하셨고, 조금씩 변화된 네 모습을 이제 사람들이 알잖아.'

'회개도 정도껏 해야지. 왜 그렇게 유난을 떨어. 창피하지도 않니?'

'괜찮아. 네 그 모습이 사람들에게 은혜가 되었어. 보는 사람마다 요즘 네 모습이 은혜롭다고 하잖아.'

처음에는 이 음성이 통회 자복하고 있는 저를 위로하시는 하나님의 음성인 줄 알았습니다. 묵상하는 말씀들도 저에게 위로가 되는 말씀들이었습니다. 그러나 정신을 차리고 보니 그것이 아니었습니다. 정말 사탄의 음성에 넘어갈 뻔했습니다. 무엇이 문제였을까요?

교회를 20, 30년 다녔지만 저에게는 수많은 음성 가운데서 하나님의 음성을 분별할 수 있는 기준도, 경험도 없었다는 것입니다. 그저 너무 쉽게, 강대상에서 들리는 설교들에 의지해서 하나님의 음성을 듣고 있다고 스스로 착각하며 산 것입니다.

최근 기독교 방송이 확대되면서 자신이 직접 하나님의 말씀을 붙들고 씨름하는 것이 아니라 언제든 들을 수 있는 설교에 의지해서 주어지는 하나님의 음성에 만족하며 살아가는 이들이 많아지고 있습니다. 기독교 방송은 너무나 귀한 선교의 도구이지만, 이제 우리는 직접 하나님의 음성에 익숙해지며 성장하는 연습을 해야 합니다. 그래야 수많은 세상의 소리와 사탄의 미혹 앞에서 당당히 거부할 수 있는 분별력을 가질 수 있습니다.

분별을 위한 네 가지 질문

이제 하나님의 음성을 구별하기 위한 네 가지의 실질적인 원리들을 제시해보고자 합니다.

1. 성경에 근거하는가?

성경은 하나님의 말씀입니다.

> 태초에 말씀이 계시니라 이 말씀이 하나님과 함께 계셨으니 이 말씀은 곧 하나님이시니라 요 1:1

여기서 '하나님의 말씀'이라는 뜻은, 'God's Word'라고도 할 수 있지만, 'God is the Word'(하나님은 말씀이시다)라는 의미도 됩니다. 하나님의 말씀이라면, 분명 성경에서 근거를 찾을 수 있어야 합니다. 마치 점쟁이를 찾아가는 것처럼 내게 필요한 말씀만 검색해서 찾아내는 것이 아니라, 매일 말씀 묵상의 시간을 통해 우리에게 계시하시는 하나님의 말씀에 근거해야 합니다. 그래서 매일의 말씀 묵상이 중요합니다.

좀 강하게 표현하자면, 저는 말씀을 묵상하지 않는 크리스천은 하나님의 음성 듣기를 포기한 자나 다름없다고 생각합니다. 말씀 묵상은 하나님의 음성을 들을 수 있는 가장 강력한 도구이자, 하나님께서 우리에게 당신의 음성을 주시는 도구입니다. 하나님께서 곧 말씀 그 자체이시기 때문입니다. 매일 묵상하는 말씀이 내 안에 차곡차곡 쌓이면, 그것은 하나님께서 나에게 말씀하시는 도구가 되기도 하고, 하나님의 말씀을 분별하는 기준이 되기도 합니다.

2. 우리의 행복을 위함인가?

제가 말하고자 하는 '행복'이라는 것은 물질적으로 풍족하고, 사회적으로 높은 지위에 올라가고, 이 땅에서 떵떵거리며 사는 것을 의미하지 않습니다. 만약 그렇다면 우리나라에서는 대기업 재벌들만 하나님의 음성을 들을 수 있을 것입니다.

하지만 실제로는 이와 철저히 반대됩니다. 진정한 행복은 존재 자체의 행복에서 옵니다. 물질에 기인하는 것이 아니라, 어떤 사회적인 위치나 명예 때문이 아니라, 내가 하나님의 자녀이고 하나님의 사람이기 때문에 행복한 것 말입니다. 즉 하나님이 나와 동행하신다는 것을 매일의 삶에서 경험하는 자들이 행복한 자들입니다.

우리를 창조하신 하나님은 "보시기에 심히 좋았더라"(창 1:31)라고 말씀하셨습니다. 하나님이 우리 때문에 행복하셨던 것입니다. 그런데 우리 스스로는 그 사실을 잘 모르고 있습니다. 우리는 하나님을 행복하게 만드는 존재입니다. 그리고 그 하나님은 우리와 동행하는 것을 즐기십니다.

우리가 그분의 손을 잡고 동행하기 위해서는 먼저 우리 손에 쥐고 있는 것을 놓아야 합니다. 꼭 쥐고 있는 그것들을 놓아야 주님의 손을 잡을 수 있습니다. 주님이 재물과 하나님을 동시에 섬길 수 없다고 말씀하신 것을 기억하실 겁니다. 우리의 행복은 결국 하나님과 동행할 때만 가능합니다. 그때 하나님의 음성이 들리는 것은 매우 자연스러운 일이 될 것입니다.

3. 하나 됨을 이루게 하는가?

빌 하이벨스(William Hybels) 목사님은, 하나님이 사람을 창조하실 때 각 사람에게 어떤 은사들을 주시고 정작 그에게 주신 은사와는 전혀 무관한 영역에서 뛰어난 사람이 되기를 기대하신다고 생각하는 사람들이 있음을 지적합니다. '은사'라고 표현했지만, 은사보다는 '성향'이라는 말이 더 잘 어울릴 수도 있을 것 같습니다.

예를 들어, 수학과 컴퓨터를 흠모할 정도로 좋아하고 그 분야에서 매우 뛰어난 실력을 보이면서도 하나님이 자기들을 음악이나 신학 쪽으로 인도하신다고 생각하는 이들이 있습니다. 또 어떤 사람들은 야외 활동을 너무 좋아해서 자연 속에 있지 않으면 시들해질 정도면서, 하나님이 자기들을 도심에서 하루 8시간씩 일하는 사무직 쪽으로 인도하신다고 생각하기도 합니다. 심지어 어린아이들과 함께 있는 것을 무척이나 불편해하면서 하나님이 자기를 교사로 인도하신다고 생각하는 이들도 많습니다.

그러면서 빌 하이벨스 목사님은 이렇게 묻습니다.

"왜 당신은 하나님의 인도하심이 하나님이 당신을 만드신 모습과 모순되리라고 전제하십니까? 왜 하나님이 당신을 A라는 목적을 위해 지으시고는 B라는 목적을 성취하라고 요구하시겠습니까?"

저는 개인적으로 수학을 좋아하지 않을 뿐더러 수학을 잘하지도 못합니다. 그런데 제가 만약 고등학교 때 수학 점수를 계속 올려야 한다고 언어, 외국어, 사탐, 과탐에 집중하지 않고 수학에만 집중했다면, 과연 제가 올바른 선택을 한 것일까요?

우리는 너무나 다양한 은사를 가진 사람들과 살아갑니다. 나에게 주어진 은사가 A라면, 나는 그것에 집중하면 됩니다. 다른 이들이 B라는 은사를 잘 감당하고 있기 때문입니다. 우리가 해야 할 일은 서로 다른 은사를 가진 이들이 만나서 아름다운 하모니, 연합을 이루고 하나님의 나라를 위해 서로 협력해나가는 것입니다.

하나님의 음성은 이렇게 드러나고 진행되어야 합니다. 물론 하나님이 우리가 잘하지 못하는 부분에 대한 잠재력을 끌어올리실 때도 있습니다. 한 번도 시도해보지 않은 길을 개척하게도 하십니다. 만약 정말 그렇다면, 우리는 그것을 통해서도 앞서 말한 행복을 경험할 수 있어야 합니다. 하나님은 단 한 번도, 우리를 당신의 꼭두각시로 살게 하지 않으셨습니다.

하나님은 우리를 창조하실 때 보시기에 심히 좋은 존재, 하나님께 행복을 드리는 존재로 만드셨다는 사실을 꼭 기억하십시오. 행복한 크리스천, 행복한 하나님의 사람으로 이 땅에서 사는 것이 바로 하나님이 우리에게 원하신 삶이자, 그분의 음성이 우리 가운데 전해지는 이유입니다.

또한 우리 각자가 다른 모습과 은사를 가지고 창조되었기에 우리는 서로를 더 이해하고 배려하면서 하나님의 나라를 세워가야 합니다. 우리 하나님이 가장 행복하실 때가 언제일까요? 바로 다른 모습(우리 각 사람에게 그리스도의 선물의 분량대로 은혜를 주셨나니, 엡 4:7)으로 창조된 우리가 서로 연합해서 그리스도의 장성한 분량(엡 4:13)에 까지 이르러 이 땅에서 하나님의 나라를 경험하는 것입니다. 이를 위해서 하나님의 음성이 우리로 하여금 서로의 다른 은사를 인정하고 이해하게 하시며, '서로 다름'들이 모여서 그리스도의 몸을 이루고 연합해 '하나 됨'의 기쁨을 누리도록 인도하십니다.

4. 우리를 살리는가?

하나님은 우리가 혼자서만 잘 살기를 원하지 않으십니다. 곧 이기주의자를 원하지 않으십니다. 오히려 내가 가진 것을 나누고, 다른 사람을 살리라고 말씀하십니다. 하나님의 음성은 다른 사람을 향한 배려의 음성으로도 주어집니다. 연약하고 낮은 자들, 힘들어하고 지친 자들을 위로하라는 따스한 음성으로 말입니다. 하나님의 음성은 비난이나 비판, 폭력, 욕설, 시기, 질투, 분노를 담지 않습니다. 오히려 사랑을 담고, 배려와 이해, 내려놓음과 용서와 화해를 담습니다.

지금 우리에게 들리는 음성이 다른 사람을 살리라는 음성이라면, 하나님의 음성일 확률이 매우 높습니다. 하나님은 우리를 통해 하나님의 나라를 이 땅에 세워나가고자 하시기 때문입니다. 하나님의 음성에 따르는 사람은 남을 죽이려 들지 않습니다. 이기적이기를 포기합니다. 그리고 자신의 인격을 돌아볼 줄 압니다.

예전에 자신이 다른 청년들과 잘 어울리지 못하는 이유를 고민하며 상담을 요청한 청년이 있었습니다. 그런데 그 이유를 본인만 모르지 다른 청년들은 다 알고 있었습니다. 그 청년은 다른 이들에게 말할 때, 항상 공격적인 말투와 단어를 사용했습니다. 그래서 적지 않은 자매들이 상처를 받았고, 형제들과는 몇 번 시비도 있었습니다. 아무리 기도하고, 예배의 자리에 빠지지 않는다 해도 그 인격이 바뀌지 않는다면, 과연 우리는 그런 사람이 진짜 하나님의 음성을 듣고 있다고 말할 수 있을까요?

그래서 제가 그 형제의 말투를 영상으로 찍은 후 다른 청년들의 말하는 모습과 비교해서 보여준 적이 있습니다. 그 청년은 적지 않은 충격을 받았고, 본인의 언어나 말투가 다른 청년들과 너무도 다르다는 것을 그때야 깨달았습니다. 그 이후로는 스스로 참 많이 노력하면서 말투와 언어의 습관을 고쳐나갔습니다. 그렇게 그 청년은 하나님의 사랑을 담아 이야기하는 모습으로 성장해갔습니다.

진짜 하나님의 음성을 듣는 사람은 그 음성을 자신의 삶에 적용하고 노력해야 합니다. 가시 돋친 말이나 공격적인 말투가 문제라면, 변화를 위해 부단히 노력해야 합니다. 그 외에도 하나님의 음성을 삶에 적용하며 살아가야 하는 많은 부분이 있습니다.

이처럼 자신의 연약함을 돌아보게 만드는 음성이 있다면 그것은 하나님의 음성이 분명합니다. 그 음성은 나를 살리는 말씀이기 때문입니다. 공동체의 관계 속에서, 사회 속에서, 나와 하나님과의 관계 속에서 나를 살리는 음성은 하나님의 음성이라고 볼 수 있습니다.

하나님의 음성이 때로는 우리를 서운하고 서럽고 외롭게 만들 수도 있습니다. 계속해서 자신의 부족하고 연약한 부분을 보게 하기 때문입니다. 그러나 그것은 잠시입니다. 결국 하나님은 우리를 가장 아름다운, 그리고 가장 원초적인 하나님의 형상, 그 상태로 되돌리고자 하십니다. 우리가 잃어버렸던 창조의 형상을 회복하길 원하십니다. 하나님은 우리가 하나님을 닮아가길 원하십니다. 따라서 우리의 연약함과 부족함이 더 잘 보일 때, 그때가 분명한 하나님의 음성이 들릴 때라고 생각하시기 바랍니다.

chapter 03

듣지 못하는 귀를 열라

아마도 크리스천이라면 하나님의 음성을 듣고 싶은 마음을 다들 가지고 있을 것입니다. 다양한 방법으로 하나님의 음성을 듣기 위해 노력하기도 합니다. 말씀을 보거나 기도하고, 신앙서적을 읽기도 하고, 성도들과 묵상을 나누면서 하나님의 음성을 듣고자 노력합니다. 그러나 우리가 하나님의 음성을 듣지 못할 때가 더 많다는 사실을 부인할 수는 없습니다.

무엇이 문제일까요? 하나님의 음성에 문제가 있는 것입니까? 그분의 음성이 특정한 이들에게만 제한되어 있거나, 혹은 우리가 들을 수 없을 정도의 어떤 특별한 것입니까? 저는 그렇지 않다고 생각합니다. 하나님의 음성에 문제가 있거나, 혹은 너무 고차원적인 것이라서 듣지 못하는 게 아니라 우리가 그분의 음성을 들을 준비가 되어 있지 않기 때문이라고 생각합니다. 아니, 심지어 그분의 음성이 나에게는 들리지 않으리라고 생각하기 때문입니다.

그래서 하나님의 음성을 듣기 위한 우리의 자세와 태도가 어떠해야 하는지 살펴보고자 합니다. 우리가 하나님의 음성을 듣지 못하는 이유가 하나님의 음성에 대한 우리의 자세와 태도 때문이기에 그렇습니다.

하나님을 기대하는 삶

우리가 하나님의 음성을 듣지 못하는 이유는 기대감이 없기 때문입니다. 실제로 상당수의 크리스천들이 하나님이 자신에게는 말씀하지 않으실 거라고 생각합니다. 부활하신 예수님이 하나님 보좌 우편으로 올라가신 후에 다시는 소식이 없으신 것으로 생각하는 것입니다. 예수님이 정말 그런 분이라면, 솔직히 우리는 더 이상 믿음 생활을 할 필요가 없습니다. 2천 년 전에만 유효했던 음성이라면, 오늘을 사는 우리에게는 죽은 화석과 같은 음성이라면, 굳이 하나님의 음성을 들을 필요도 없을 것입니다.

문제는, 정말 이렇게 생각하며 신앙생활을 하는 이들이 있다는 사실입니다. 그리고 아이러니하게도 이런 사람들은 주로 성경의 활자(text)가 전부라고 생각합니다.

저는 말씀 묵상이 신앙생활의 기본이라고 생각합니다. 말씀 없는 기도, 말씀 없는 사역, 말씀 없는 헌신은 아무 의미가 없다고 생각하지만, 그렇다고 성경의 활자가 신앙생활의 전부라고 생각하지는 않습니다. 성경의 활자에만 집착하게 되면, 우리의 신앙생활은 전혀 능동적일 수 없고 생기나 활력도 사라집니다. 성경이 하나님의 말씀이라는 사실에 너무 집착한 나머지, 성령의 일하심에 대한 기대감을 잃게 되면 신앙생활이 반복되는 삶의 한 패턴에 머물게 될 뿐입니다. 그런 이들에게는 성령의 일하심이 드러날 수 없습니다.

신앙생활에서 중요한 것은 균형입니다. 영적인 균형이 중요합니다. 하나님의 일하심은 한 가지로만 설명되거나 증명되지 않기 때문입니다. 하나님은 다양한 방법과 기회, 상황들을 통해 일하시고, 우리에게 말씀하십니다. 그런데 이에 대한 기대감이 없다면 오늘도 살아서 역사하시는 하나님, 내 삶의 모든 영역에서 동행하시고, 나에게 어느 때나 말씀하실 수 있는 분이라는 사실을 놓치게 됩니다.

사도 바울은 원래 예수 믿는 자들을 죽이고 박해하던 인물이었습니다. 또 그는 전형적으로 성경의 활자에만 파묻혀 살던 사람이었습니다. 그의 삶에서는 규격화된 율법이 기준이 되었고, 모든 상황과 문제들을 판단하고 정죄하며 살았습니다. 그것이 옳다고 여기면, 그에 맞지 않는 사람들을 죽이는 것 또한 정당하다고 여겼습니다.

그에게 하나님의 음성에 대한 기대감이란 있을 수 없었습니다. 그저 자신이 알고 있는 지식과 율법에 근거해서 딱딱하게 굳어버린 자신의 신앙이 전부라고 생각했던 것입니다. 그런데 어느 날, 그에게 주님이 찾아오셨습니다. 여느 때와 똑같이 예수를 믿는 자들을 핍박하러 가는 그 길에, 전혀 예상하지 못한 방법으로 주님이 오신 것입니다.

> 사울이 주의 제자들에 대하여 여전히 위협과 살기가 등등하여 대제사장에게 가서 다메섹 여러 회당에 가져갈 공문을 청하니 이는 만일 그 도를 따르는 사람을 만나면 남녀를 막론하고 결박하여 예루살렘으로 잡아오려 함이라 사울이 길을 가다가 다메섹에 가까이 이르더니 홀연히 하늘로부터 빛이 그를 둘러 비추는지라 땅에 엎드러져 들으매 소리가 있어 이르시되 사울아 사울아 네가 어찌하여 나를 박해하느냐 하시거늘 대답하되 주여 누구시니이까 이르시되 나는 네가 박해하는 예수라 행 9:1-5

이 상황이 말이 됩니까? 자신이 박해하던 예수, 그렇게 증오하던 예수, 신앙이라는 이름으로 저지르던 살인의 근본적인 이유인 예수가 어떻게 자신에게 찾아올 수 있습니까? 위협과 살기가 등등하던 사울에게, 주님은 그렇게 찾아오셨습니다. 그분의 음성이 사울에게 들린 것입니다.

사도행전 26장을 보면, 아그립바 왕 앞에 선 바울이 자신이 어떻게 예수님을 만나게 되었는지를 설명하는 장면이 나옵니다. 여기서 바울은 예수님이 자신에게 말씀하신 그 음성을 전합니다.

내가 대답하되 주님 누구시니이까 주께서 이르시되 나는 네가 박해하는 예수라 일어나 너의 발로 서라 내가 네게 나타난 것은 곧 네가 나를 본 일과 장차 내가 네게 나타날 일에 너로 종과 증인을 삼으려 함이니 이스라엘과 이방인들에게서 내가 너를 구원하여 그들에게 보내어 그 눈을 뜨게 하여 어둠에서 빛으로, 사탄의 권세에서 하나님께로 돌아오게 하고 죄 사함과 나를 믿어 거룩하게 된 무리 가운데서 기업을 얻게 하리라 하더이다 행 26:15-18

이후로 바울에게는 기대감이 생겼습니다. 사울로 살던 시절의 그에게는 율법, 정죄, 심판이 신앙의 전부였습니다. 그러나 주님을 만난 그에게 신앙은 죄 사함, 구원, 거룩함이 되었습니다. 과거 사울의 삶이 '사람을 죽이는 삶'이었다면, 지금 바울의 삶은 '사람을 살리는 삶'이 된 것입니다. 훗날 감옥에 갇힌 바울은 빌립보교회에 보낸 편지에서 이렇게 고백합니다.

형제 중 다수가 나의 매임으로 말미암아 주 안에서 신뢰함으로 겁 없이 하나님의 말씀을 더욱 담대히 전하게 되었느니라 어떤 이들은 투기와 분쟁으로, 어떤 이들은 착한 뜻으로 그리스도를 전파하나니 이들은 내가 복음을 변증하기 위하여 세우심을 받은 줄 알고 사랑으로 하나 그들은 나의 매임에 괴로움을 더하게 할 줄로 생각하여 순수하지 못하게 다툼으로 그리스도를 전파하느니라 그러면 무엇이냐 겉치

레로 하나 참으로 하나 무슨 방도로 하든지 전파되는 것은 그리스도
니 이로써 나는 기뻐하고 또한 기뻐하리라 이것이 너희의 간구와 예수
그리스도의 성령의 도우심으로 나를 구원에 이르게 할 줄 아는 고로
나의 간절한 기대와 소망을 따라 아무 일에든지 부끄러워하지 아니
하고 지금도 전과 같이 온전히 담대하여 살든지 죽든지 내 몸에서 그
리스도가 존귀하게 되게 하려 하나니 이는 내게 사는 것이 그리스도
니 죽는 것도 유익함이라 빌 1:14-21

특히 20절을 보십시오.

"이제 내가 살든지 죽든지 내 몸에서 그리스도가 존귀하게 되기를
원합니다."

자신의 삶과 죽음이 이제는 모두 그리스도를 위한 것이라는 그의
놀라운 고백을 어떻게 이해할 수 있을까요? 아무런 기대감이 없던
사울에게 하나님의 음성이 들리자 그는 전혀 다른, 바울이라는 사람
이 되었습니다. 사람을 살리는 사람, 나를 살리고, 남도 살리는 그
런 사람이 된 것입니다. 하나님의 음성을 듣고 기대감이 생긴 바울의
모습을 보면서 우리도 도전 받기 원합니다. 일상에서 주님의 음성을
기대하며 매일을 살아가길 바랍니다.

"주님, 오늘은 제게 어떤 말씀을 주실 건가요?"

"주님, 오늘 제 상황과 형편 속에서 주님이 원하시는 하루는 어떤
모습인가요?"

"주님, 오늘 저에게 필요한 음성을 들려주세요."

매일을 이런 기대감 속에서 살아간다면, 우리 또한 사람을 살리는, 생명을 살리는 한 사람이 되지 않겠습니까?

가장 어두울 때 가장 환하게 보이는 빛

저는 4대째 예수를 믿는 전형적인 기독교 집안에서 태어나 자랐습니다. 어릴 적부터 교회는 놀이터였고, 모든 삶의 구심점이었습니다. 저에게는 위로 누나가 세 명이 있었는데, 어머니는 아들을 낳지 못한다며 늘 할머니께 구박을 받으셨다고 합니다. 자연스레 어머니는 아들을 주시면 하나님의 종으로 드리겠다는 서원을 하게 되셨습니다.

그렇게 제가 태어났습니다. 저는 어릴 적부터 목사가 되어야 한다는 소리를 듣고 자란 터라 목회자의 길을 가야 하는 것에 추호의 의심도 하지 않았습니다. 그런데 사춘기를 겪으면서 저에게 문제가 생겼습니다. 그렇지만 할아버지와 아버지가 장로님으로 계신 교회를 다녔기에 겉으로는 언제나 모범생이어야 했습니다. 믿음에 어려움이 생겼을 때에도 아무렇지 않은 척, 오히려 더 믿음이 좋은 척 살아야 했습니다.

그렇게 신학생이 되었고, 이후로는 공부에 전념했습니다. 썩 좋은 성적으로 대학에 입학하지 못해 상당히 자존심이 상했던 저는 유학가서 박사가 되면 자존심이 회복될 것이라 생각해서 열심히 공부했습니다. 물론 성적도 곧잘 나와서 장학금도 매 학기 받았습니다. 그렇게 저는 잘 살고 있다고 생각했습니다.

그러던 2007년, 교육 전도사로 사역하던 제 인생에 하나님이 개입하셨습니다. 당시 제가 중고등부를 담당하던 교회에서 1일 부흥회 강사로 인천방주교회의 박보영 목사님이 오셨습니다. 도전이 되는 말씀과 간증을 들으며 귀한 분이라고 생각했습니다.

문제는 그 부흥회를 마친 다음 주에 발생했습니다. 학교에서 당시 인천방주교회에서 사역하던 친구를 만났는데, 그 친구가 박보영 목사님이 원장으로 계시는 마가 다락방 집회에 와 보라고 권면해 왔습니다. 그 순간 무언가 느낌이 이상했습니다. 뒷골이 싸했던 그 느낌을 지금도 잊을 수가 없습니다. 그래서 친구에게 혹 박보영 목사님이 저에 대해 무슨 말씀을 하셨는지 물었습니다. 친구는 별다른 이야기는 없었고 "열정만 가지고 목회하는 것이 아닙니다"라고만 말씀하셨다고 전해주었습니다. 그렇게 그 친구와 헤어지고 기숙사 방으로 돌아왔습니다.

책상에 앉았는데, 갑자기 눈물이 흘렀습니다. 멈추지를 않았습니다. 열정만 가지고 목회하는 것이 아니라는, 어쩌면 너무도 평범한 그 짧은 말이 하나님의 음성으로 제 마음에 박혀버렸던 것입니다. 그 음성은 천박한 믿음으로 살아가고 있던 제 일상, 물질적으로 예수를 이용하고 있던 제 신앙, 십자가의 능력을 경험해보지도 못했으면서 설교를 한답시고 아이들에게 십자가를 전하고 있던 가식적인 제 사역, 가장 중요한 구원의 감격도 없이 화석처럼 굳은 신앙생활을 하고 있던 제 믿음을 향한 하나님의 탄식이었습니다.

저는 거의 한 달을 제대로 살 수가 없었습니다. 내면에는 더러운 죄의 쓰레기가 넘치고 하나님도 피하실 것같이 더러운 존재가 바로 저였습니다. 시기, 질투, 음란, 교만, 이기심, 가식과 정죄함까지, 어느 것 하나 걸리지 않는 것이 없었습니다. 그때 저는 이렇게 살다가는 목사가 되어도, 그리고 한평생 예수를 믿어도 결국 지옥의 심판을 면하지 못하겠다는 생각이 들었습니다.

아마도 그때 처음으로 천국과 지옥을 믿게 된 것 같습니다. 구원과 심판, 하나님의 사랑과 공의가 실재라는 것을 그때 비로소 깨달은 것입니다. 제 삶은 달라질 수밖에 없었습니다. 물질 중심적이었던 저에게 물질이 소용없어졌습니다. 성공해야만 한다는 강박관념에 매달려 살던 제가 그런 성공은 심판으로 가는 열차표라는 사실을 깨달았습니다. 하나님의 심판 앞에서 돈과 명예, 성공이 무슨 구원의 조건이 되겠습니까? 예수 그리스도. 바로 그분의 십자가 사건이 제 삶에 실재인지 아닌지, 그것만이 중요했습니다.

하나님의 음성이 너무도 분명해서 변하지 않고는 도저히 살 수가 없었습니다. 그때부터 제 신앙이 다시 태어난 듯했습니다. 하나님의 음성이 처음으로 저에게 들린 그때부터 저는 조금씩 하나님을 닮아가기 위해 몸부림치기 시작했습니다. 그러면서 조금씩 신앙이 회복되어짐을 느꼈습니다.

'나 같은 쓰레기도 살 수 있구나! 나도 하나님께 쓰임 받을 수 있

겠구나! 나에게도 기회가 있구나!'

작은 기대감들이 하나둘 생기기 시작했습니다. 어두울수록 희미한 불빛이 더 환하게 보인다는 말처럼, 제 신앙에서 가장 칠흑같이 어두웠던 그때, 작은 회복의 몸부림이 저에게는 기대감을 가져다주는 소망의 불꽃이 되었던 것입니다.

이후, 저에게는 하나님의 음성에 대한 기대감이 생겼습니다. 너무도 우연히 다가온 그분의 음성이 제 삶을 송두리째 바꿔놓았기 때문입니다. 저에게 하나님의 음성은 실재였습니다. 하나님은 너무도 갑자기 저에게 찾아오셔서 뜻하지 않은 상황 가운데서 일하셨습니다.

저에게만이 아닙니다. 우리 모두에게 하나님은 언제가 그렇게 일할 수 있으십니다. 저는 그 사실조차 알지 못했고, 믿지 못했습니다. 마치 사울과 같이 하나님을 성경의 활자에 갇혀 있는 분으로 여겼던 것입니다. 만약 아직도 하나님을 그런 분으로 믿고 있다면, 이 음성이 우리를 향한 하나님의 엄중한 음성이라는 사실을 깨닫기 바랍니다. 하나님은 지금도 살아서 역사하고 계시며, 우리에게 말씀하고 계십니다.

의심은 음성의 통로를 가로 막는다

의심할 때는 하나님의 음성을 듣지 못합니다. 의심이라는 것은 신뢰와 연관되어 있습니다. 곧 믿지 못하기 때문에 의심하는 것입니다. 모든 일에 먼저 의심을 해봐야 하는 시대를 살아가고 있는 우리에게 의심의 정당성은 충분합니다. 특히 넘쳐나는 이단들 때문에 믿음 생활에서도 의심해야 하는 시대입니다. 그러나 그 정도가 지나치면, 즉 균형이 깨지면, 하나님의 음성 자체에 대한 의심으로도 번지게 된다는 사실을 잊지 말아야 합니다.

'하나님은 나에게 말씀하시지 않아.'

'어떻게 하나님의 음성이 나에게 들릴 수 있지?'

하나님의 음성에 대한 의심은 결국 불신을 불러오게 되고, 음성이 들리는 통로를 막아버리게 됩니다.

요한복음 1장에 보면, 빌립이 나다나엘을 불러 예수께 데려오는 장면이 있습니다. 빌립은 나다나엘에게 모세의 율법과 여러 선지자가 기록한 메시아를 만났다고 말합니다. 그리고 그 메시아가 바로 나사렛이라는 동네의 예수라는 사람이라고 소개합니다. 그러나 나다나엘은 차갑게 반응했습니다. 나사렛에서 무슨 선한 것이 나겠느냐는 것입니다. 나다나엘이 가지고 있던 상식으로 볼 때 나사렛이란 동네에서는 절대 메시아, 구원자가 나올 수 없었습니다.

그때 빌립이 요청합니다.

"와서 보라"(Come and see).

나다나엘은 속는 셈치고 예수라는 사람을 만나러 갑니다.

예수께서 나다나엘이 자기에게 오는 것을 보시고 그를 가리켜 이르시되 보라 이는 참으로 이스라엘 사람이라 그 속에 간사한 것이 없도다

나다나엘이 이르되 어떻게 나를 아시나이까 예수께서 대답하여 이르
시되 빌립이 너를 부르기 전에 네가 무화과나무 아래에 있을 때에 보
았노라 나다나엘이 대답하되 랍비여 당신은 하나님의 아들이시요 당
신은 이스라엘의 임금이로소이다 요 1:47-49

"의심은 해소시켜주면 확신이 되거든."

〈꾼〉이라는 영화에 나오는 대사인데, 극중 사기꾼들의 입에서 회
자되는 말입니다. 이 말을 신앙에 적용한다면 전혀 다른 의미가 될
수 있습니다.

예수님은 나사렛에서는 전혀 메시아, 선지자가 나올 수 없다는 확
신으로 가득 찬 나다나엘의 의심을 풀어주십니다. 그의 신앙, 영적
인 상태까지도 모두 알고 계셨던 주님은 한 번도 마주하지 않았던
나다나엘의 내면을 꿰뚫어 말씀하심으로 이스라엘 사람들이 생각
하던 선지자의 모습을 나다나엘에게 보여주셨습니다. 주님이 나다
나엘의 의심을 풀어주시자, 그는 가지고 있던 모든 경계를 풀고 확
신 가운데 예수님을 신뢰하게 됩니다.

'의심'이라는 프레임이 이 시대에 필요한 부분임을 부정하지 않습
니다. 그러나 우리는 그 의심 자체에 집중하기보다, 의심이라는 프
레임을 다룰 수 있어야 합니다. 곧 의심할 것과 의심하지 말아야 할
것을 구분할 수 있는 능력을 갖춰야 한다는 말입니다.

의심해야 할 것을 의심하지 않은 대표적인 인물로 아담의 아내,

하와를 꼽을 수 있습니다. 하와는 뱀의 말을 의심했어야 합니다. 하와가 의심하지 않은 이유는 이미 그 마음을 선과 악을 알게 하는 나무에 빼앗겼기 때문입니다. 의심을 다루지 못한 것입니다.

> 그런데 뱀은 여호와 하나님이 지으신 들짐승 중에 가장 간교하니라 뱀이 여자에게 물어 이르되 하나님이 참으로 너희에게 동산 모든 나무의 열매를 먹지 말라 하시더냐 여자가 뱀에게 말하되 동산 나무의 열매를 우리가 먹을 수 있으나 동산 중앙에 있는 나무의 열매는 하나님의 말씀에 너희는 먹지도 말고 만지지도 말라 너희가 죽을까 하노라 하셨느니라 뱀이 여자에게 이르되 너희가 결코 죽지 아니하리라 너희가 그것을 먹는 날에는 너희 눈이 밝아져 하나님과 같이 되어 선악을 알 줄 하나님이 아심이니라 여자가 그 나무를 본즉 먹음직도 하고 보암직도 하고 지혜롭게 할 만큼 탐스럽기도 한 나무인지라 여자가 그 열매를 따먹고 자기와 함께 있는 남편에게도 주매 그도 먹은지라 창 3:1-6

하와는 하나님의 말씀을 알고 있었습니다. 그 열매를 먹으면 죽는다는 것이 하나님의 말씀이라는 사실을 알고 있었습니다. 그러나 하와는 뱀에게 먹어도 죽지 않을 것이란 말을 듣습니다. 그리고 그 것을 먹으면 하나님과 같이 될 것이란 소리도 듣습니다. 하나님의 말씀을 이미 알고 있던 하와였지만, 아무 의심도 없이 뱀의 말에 속아 넘어갑니다. 그 열매를 보니 정말 먹음직도 하고 보암직도 했다고 합니다.

그런데 하와가 선과 악을 알게 하는 나무의 열매를 그날 처음 보았을까요? 아닙니다. 이미 수없이 보았을 것입니다. 그때는 그 열매가 먹으면 죽는, 죽음의 열매였습니다. 그렇게 알고 있었습니다. 그러나 뱀의 말을 듣고 보니 정말 맛있어 보이는, 정말 무언가 그럴싸해 보이는 열매로 보이기 시작한 것입니다. 의심해야 할 것을 의심하지 않게 되는 순간, 우리의 내면에 일어나는 일이 바로 이것입니다.

반대로, 의심하지 말아야 할 것을 의심하게 되는 순간 우리의 내면에 일어나는 소용돌이도 있습니다. 하나님의 음성을 들을 수 있다고 생각하던 사람도, 의심하는 순간 늘 듣던 음성이 들리지 않게 됩니다. 왜 그렇습니까? 의심은 결국 불신으로 이어지며, 그것은 그분과의 관계를 단절하는 뼈아픈 결과를 가져옵니다. 그러므로 하나님에 대한 의심의 구름은 우리가 의지를 가지고 거두어야 합니다. 스스로 노력해야 합니다. 그런 의심의 환경으로부터 스스로를 차단하고 대피시켜야 합니다. 그런 소리로부터 우리의 귀를 닫고 스스로를 지켜야 합니다.

두려움을 떨쳐버리라

말하되 우리 하나님 여호와께서 그의 영광과 위엄을 우리에게 보이시

매 불 가운데에서 나오는 음성을 우리가 들었고 하나님이 사람과 말
씀하시되 그 사람이 생존하는 것을 오늘 우리가 보았나이다 이제 우
리가 죽을 까닭이 무엇이니이까 이 큰 불이 우리를 삼킬 것이요 만일
우리가 우리 하나님 여호와의 음성을 다시 들으면 죽을 것이라 육신
을 가진 자로서 우리처럼 살아 계시는 하나님의 음성이 불 가운데에
서 발함을 듣고 생존한 자가 누구니이까 당신은 가까이 나아가서 우
리 하나님 여호와께서 하시는 말씀을 다 듣고 우리 하나님 여호와께
서 당신에게 이르시는 것을 다 우리에게 전하소서 우리가 듣고 행하
겠나이다 하였느니라 신 5:24-27

　　하나님은 모세에게 십계명을 주셨습니다. 십계명이 선포되는 동
안 시내산 주변은 온통 연기와 번개, 천둥으로 가득했습니다. 이러
한 경험을 한 이스라엘 백성이 두려워 떠는 것은 당연한 반응이었습
니다. 그들은 하나님의 음성 앞에서 두려움에 휩싸였습니다. 그러다
하나님을 대면해도 죽지 않는 모세를 보고 자신들이 하나님을 대면
하는 것보다 모세가 하나님과 백성 사이의 중재자가 되는 것이 낫
다고 여겼습니다. 그들은 모세가 중재하는 말씀에 어떠한 문제도
제기하지 않고 그대로 순종하겠다고 말합니다.
　　고대 이스라엘 사람들은 하나님을 직접 대면하면 죽는다고 생각
했습니다. 그러나 여기서 한 가지 생각해볼 문제가 있습니다. 하나
님이 찾아오셔서 만난 이들은 모두 죽지 않고 살았다는 것입니다.

하나님이 찾아오신 목적이 있으시기 때문입니다.

하나님의 임재에는 이유가 있습니다. 우리를 위한 하나님의 뜻이
있기에, 우리에게 말씀하고자 찾아오십니다. 그런데 하나님의 찾아
오심이 너무도 낯선 우리는 그 하나님을 두려워합니다. 그분의 음성
듣기를 두려워합니다. 이스라엘 백성처럼 말입니다.

우리는 하나님의 음성이 들리면 우리의 목숨을 내놓아야 하고, 우
리의 것을 다 포기해야 하고, 지금 누리고 있는 삶의 여유들을 다 빼
앗길까 걱정합니다. 이런 걱정들로 인해 하나님의 음성 듣기를 두려
워하는 것은 아닐까요? 그러나 하나님은 절대 우리의 행복을 빼앗
기 위해 오시지 않습니다. 하나님은 오히려 우리의 행복을 추구하십
니다.

우리는 종종 단편적인 경험에서 나온 편향적인 시각으로 하나님
을 왜곡해서 이해하기도 합니다. 하지만 하나님은 단편적인 분이 아
니십니다. 하나님은 복을 주시는 분인 동시에 우리에게 징계를 내리
시는 분이기도 합니다. 하나님은 사랑의 하나님인 동시에 정의와 공
의의 하나님이시기도 합니다. 하나님은 엄하시기도 하지만 자애로
운 분이시기도 합니다. 이 때문에 우리는 지식과 경험만 가지고 하

나님을 자의적으로 판단하는 오류를 범하지 말아야 합니다.

모세를 중재자로 세우는 이스라엘 백성의 모습에 저는 아쉬움이
많이 남습니다. 하나님의 음성을 직접 들을 기회를 두려움 때문에
포기했기 때문입니다. 이스라엘 백성에게 찾아오신 하나님은 어떤
말씀을 주고자 하셨을까요?

> 그런즉 너희 하나님 여호와께서 너희에게 명령하신 대로 너희는 삼가
> 행하여 좌로나 우로나 치우치지 말고 너희 하나님 여호와께서 너희에
> 게 명령하신 모든 도를 행하라 그리하면 너희가 살 것이요 복이 너희
> 에게 있을 것이며 너희가 차지한 땅에서 너희의 날이 길리라 신 5:32,33

하나님이 이스라엘 백성에게 찾아오신 이유는 이 축복의 음성, 언
약의 말씀 때문이었습니다. 그들은 하나님의 축복의 음성을 직접 들
을 수 있었습니다. 그러나 두려움 때문에 이 기회를 놓쳐버렸습니
다. 너무나 아쉬운 일입니다.

하나님의 음성은 언제나 우리를 위한 음성입니다. 그분의 음성은
언제나 우리를 더 최선의 길로 이끄시는 음성입니다. 우리를 죽이고
자 하시는 음성이 아닙니다. 우리를 겁박하려는 음성이 아닙니다.
우리를 구속하고 억압하려는 음성이 아닙니다. 그 음성은 우리를 위
한 음성, 우리를 살리는 음성, 우리가 행복하기 원하시는 하나님의
소망이 담긴 음성입니다. 이것을 잊지 말아야 합니다.

하나님이 우리에게 포기하라 하실 때는, 그 포기가 다음을 위한 한 알의 밀알로 심겨야 하기 때문입니다. 우리에게 나누라 하실 때는, 그 나눔으로 인해 하나님의 풍성함을 경험케 하시기 위함입니다. 우리에게 도전하라 하실 때는, 그 용기를 가지고 하나님이 인도하심을 따라 한 발자국을 떼게 하시기 위함입니다.

혹 하나님의 음성 듣기를 주저합니까? 무엇 때문입니까? 왜 하나님의 음성을 듣지 못합니까? 기대감을 잃어버린 것은 아닙니까? 여전히 의심하고 있지는 않습니까? 그분의 음성 듣기를 두려워하고 있지는 않습니까?

하나님은 우리에게 말씀하기 위해 찾아오셨습니다. 직접 찾아오셨습니다. 우리는 그분의 음성을 들을 준비를 해야 합니다. 그래야 들을 수 있습니다. 그분의 음성은 우리를 위한 음성입니다. 이 사실을 잊지 마십시오.

chapter 04

하나님의 음성을 듣는 법

그렇다면 이제 어떻게 하면 하나님의 음성을 들을 수 있을지, 그 방법에 대해 같이 나누고자 합니다. 그 전에 두 가지가 기본적으로 전제되어야 합니다. 첫째, 이 방법론은 아는 것에만 그치면 안 된다는 것입니다. 곧 실제로 매일의 삶에서 훈련을 통해 내 것으로 만들어야 합니다. 둘째, 하나님의 음성을 듣는 방법의 가장 기본적인 토대는 성경 말씀과 기도라는 사실입니다. 말씀과 기도는 모든 영적 생활의 기본이며, 하나님의 음성 듣기 훈련에서도 마찬가지입니다. 여기서는 말씀과 기도의 중요성에 대한 설명은 생략하겠습니다. 대신 '어떻게' 말씀을 묵상하고 기도할 것인가에 초점을 맞추고자 합니다.

집중하고 반복하라

나는 분명히 대화를 하고 있는데, 앞에서 말하는 상대방의 말이 귀에 잘 들어오지 않고 귓가에서만 맴도는 경험을 해보신 적이 있습니까? 혹은, 내가 말을 하는데 상대방에게 무슨 말을 하고 있는지 나도 잘 모르겠는 경험을 해보셨나요? 두 경우는 모두 내가 대화에 집중하지 못하고 있을 때 나타나는 현상입니다. 말은 하고 있고 또 듣고 있지만, 내 머릿속은 딴생각에 사로잡혀서 대화에 집중하지 못하는 것입니다. 이런 대화에서는 상대방에게 치명적인 실수나 실례를 범할 수 있습니다. 비단 사람과의 대화뿐만 아니라 하나님과의 대화에서도 마찬가지입니다.

하나님의 음성을 듣기 위해서는 그 말씀에 집중해야 합니다. 제가 고등학교에 다닐 때는 집중력과 수면의 질을 높여준다는 제품이 있었습니다. 이 제품을 귀에 꽂고 공부하고, 잘 때도 수면 안대와 함께 이용하면 뇌를 자극해서 평안하게 하고 집중력을 향상시켜 학습과 수면의 질을 높여준다는 것이었습니다. 그 제품이 정말 그런 효과를 가지고 있었는지는 잘 모르겠지만, 아마도 이 제품은 학생들이 공부나 수면에 집중할 수 있도록 계속 적응시키고 시도하게 하는 것을 목표로 만들어졌을 것입니다. 일종의 훈련인 셈이지요.

우리는 어떤 일을 시도하다가 잘 되지 않으면 곧 포기해버리는 경우가 많습니다. 그러면 절대 훈련이 되지 않습니다. 반복된 실패와 재도전 자체가 바로 훈련이기 때문입니다. 집중력을 키우는 훈련도 마찬가지입니다. 하나님의 음성을 듣는 방법 중 가장 기본은 하나님의 말씀과 기도라고 했습니다. 그러므로 말씀 묵상과 기도에 집중하는 훈련을 해야 합니다. 말씀을 보거나 기도하는 일이 습관으로 잡혀 있지 않으면 낯설고 힘든데, 어떤 행동이 습관이 되기까지는 적지 않은 노력이 필요합니다.

저는 청년들과 '온라인 큐티학교'를 진행하고 있습니다. 일상에서 말씀을 묵상하는 습관을 만들기 위한 훈련입니다. 말씀 묵상의 습관을 만드는 데 가장 큰 문제점은 매일 지속하기가 어렵다는 점과 혼자 하기가 어렵다는 점입니다. 즉, 지속성과 의지의 문제입니다. 이 부분을 고민하다가 일상에서 우리가 매일 만날 수 있는 온라인에서 묵상과 나눔을 갖기로 했고, 그 영향력은 제가 생각했던 것보다 컸습니다.

먼저 21일 동안은 큐티하는 방법을 가르쳤고, 나머지 40일 동안에는 매일 이 공간에 큐티 묵상을 올리고 댓글로 함께 나누었습니다. 그러나 처음에는 큐티하는 것 자체를 어려워하던 청년들이 후에는 온라인 큐티학교가 개설될 때마다 매번 참여하는 일도 생겼습니다. 지속성과 의지의 문제가 동시에 해결되면서 스스로 말씀을 묵상하는 습관이 삶에 정착되었다는 것이 이 훈련의 가장 큰 수확입니다. 일 년에 2, 3회 개설되는 온라인 큐티학교가 3년차에 이르자 큐티는 청년들에게 일상이 되었고, 큐티가 익숙하지 않은 청년들에게 큐티를 권면하는 큐티 전도사들이 나타났습니다.

이렇게 귀한 경건의 습관이 생기면 하나님의 음성에 대한 집중력이 높아지는 것은 당연한 결과입니다. 실제로 큐티학교를 경험한 청년들과 그렇지 않은 청년들은 하나님의 음성 듣기 훈련을 소화하는 태도나 집중력에 있어서 큰 차이를 보였습니다. 큐티 습관 만들기 훈련을 경험해본 청년들은 하나님의 음성 듣기 훈련도 잘 감당하면서 오히려 큐티 훈련과 음성 듣기 훈련 모두의 유익을 맛보았습니다.

하나님의 음성을 듣기 위해 제가 제시하는 집중력을 높이는 방법의 하나가 알람을 설정해놓고 훈련하는 것입니다. 처음에는 3분, 그다음에 5분, 7분, 10분, 이렇게 단계별로 알람을 설정해놓고 정해진 시간에 정해진 분량만큼의 말씀 묵상과 기도를 반복하는 것입니다. 여기서 중요한 것은 '정해진 시간'과 '반복'입니다.

말씀 묵상을 예로 들어보겠습니다. 청년들이 저에게 많이 했던 질문 중 하나가 '말씀 묵상은 언제 하는 것이 좋은가'에 대한 것이었습니다. 제가 꿈이있는교회 하정완 목사님으로부터 큐티를 배울 때는 '자기 전에 그다음 날 분량을 하는 것'이 가장 좋다고 들었습니다. 아침에는 직장이나 학교에 가기 위해 분주하니 자기 전에 시간을 투자하라는 것입니다. 즉 내일 묵상할 부분을 오늘 밤에 먼저 묵상합니다. 처음에는 3분간 집중해서 묵상합니다. 3분간은 딴생각이 나더라도 말씀을 묵상하는 데 계속 집중하는 것입니다. 그리고 3분이 지나면, 다시 3분을 설정해놓고 묵상을 이어갑니다. 이렇게 말씀 묵상이 끝날 때까지 반복해서 3분 알람을 설정하는 방법입니다.

기도할 때도 마찬가지입니다. 시간을 정해놓고 기도를 하는데, 기도가 끝날 때까지 3분간 반복적으로 알람을 설정하며 기도하는 것입니다. 3분이 5번만 지나가도 15분간 기도하게 됩니다. 이런 식으로 처음에는 3분 간격, 그다음에는 5분 간격, 7분 간격, 10분 간격으로 늘려 가면 우리의 집중력은 놀랍게 성장할 것입니다.

중요한 것은 이 훈련을 매일 반복하는 것입니다. 훈련의 가장 중요한 요소는 얼마나 지속적으로 하는가에 달려 있습니다. 날마다 반복적으로 훈련하는 사람의 땀과 열정은 절대 무시할 수가 없습니다. 그 흘린 땀과 투자한 시간이 귀한 습관의 열매로 나타나기 때문입니다. 집중력을 위해서는 시간을 내서 투자해야 합니다. 그렇지 않으면 집중력이 생길 수 없습니다.

메모하는 습관을 가지라

메모하는 습관이 이미 몸에 배어 있는 분들이 있습니다. 그분들은 자신이 기억을 잘하지 못해서 메모를 한다고들 말합니다. 그런데 저는 단순히 기억력의 문제가 아니라, 메모하는 습관 자체가 결국 내가 그 부분에 얼마나 관심을 가지고 있는가에 대한 문제라고 생각합니다. 관심이 없으면 아무리 중요한 문제라도 적지 않으니까요.

만일 제가 다음 주 로또 당첨번호를 미리 알려준다고 해봅시다. 사람들은 당장 그 번호를 받아 적으려고 할 것입니다. 메모한다는 말이지요. 왜 그렇습니까? 로또 번호에 관심이 많으니까요. 그렇다면 하나님의 음성에 대한 우리의 관심은 어떻습니까? 로또 번호는 적을 생각을 가지고 있으면서 하나님이 하시는 말씀에는 그냥 지나치기 일쑤입니다. 메모하지 않습니다. 이것은 말씀을 기억하고자 하는 태도가 아닙니다. 오히려 하나님이 나에게 무슨 말씀을 하시든 관심 없다는 태도에 가깝습니다. 이는 하나님의 사람이 가져야 할 옳은 태도가 아니며, 이런 사람은 하나님의 음성을 들을 수 없습니다.

저는 개인적으로 스마트폰이 전화와 SNS, 인터넷 쇼핑이나 게임을 하는 용도로만 사용되지 않기를 바랍니다. 우리의 스마트폰이 하나님의 음성을 기억하는 도구로 사용되길 간절히 기도합니다. 스마트폰을 손에서 놓지 않는다는 점을 역으로 이용하자는 것입니다. 요즘 스마트폰에서는 다양한 메모 앱(Application)을 사용할 수 있습니다. 이를 활용하면 늘 손에 들고 다니는 스마트폰에 묵상의 내용, 하나님이 들려주시는 음성들을 순간순간 메모할 수 있습니다. 그것을 자신의 컴퓨터와 동기화해서 수시로 묵상을 확인하고 업데이트할 수도 있습니다. 그렇게라도 하나님의 음성을 기억하려고 노력해야 합니다.

성공하는 사람들의 습관 중에서 메모하는 습관이 빠진 것을 본 적이 없습니다. 이것은 단순히 기억력의 문제가 아니라, 메모가 성공의 필수 도구라는 사실입니다. 하나님의 음성을 듣기 위해서, 그리고 나에게 들리는 그 음성을 계속해서 삶에 적용해야 하는 살아 있는 말씀으로 받아들이기 위해서는 메모하는 습관을 꼭 가져야 합니다.

참석하는 모든 예배의 설교를 메모하시기 바랍니다. 설교는 질문과 대답, 혹은 말씀의 순서에 따라서 진행되는 경우가 많습니다. 예화는 빼도 됩니다. 말씀 중심으로 메모하다 보면, 그 메모를 다시 볼 때 자신에게 말씀하셨던 하나님의 음성(레마)이 분명해질 것입니다. 설교 시간에 집중하지 못했던 부분, 그러나 하나님이 나에게 말씀하고자 하셨던 부분까지도 다시금 깨닫게 될 것입니다. 그렇게 하나님의 음성을 발견할 수 있습니다.

저는 제자훈련에서 설교 메모를 상당히 강조합니다. 그래서 청년들에게 설교 시간에 스마트폰이나 노트에 설교를 최대한 요약해서 정리하라고 말합니다. 의미 없이 "아멘"만 외치지 말고, 아멘 안 해도 좋으니 설교를 메모해서 계속 그 말씀을 묵상하고 자신의 삶에 어떻게 적용할 수 있는지 고민하라고 이야기합니다.

기도 역시 메모를 하면 좋습니다. 기도의 제목을 메모하고, 그 응답의 여부를 점검해보는 것도 좋지만, 더 나아가서 기도 수첩을 만들어 기도문을 직접 써보는 것을 추천합니다. 길게 써도 좋고, 단어로 짧게 써도 좋습니다. 시작은 일단 써보는 것입니다.

그러면 우리의 내면에서 지금 어떤 기도를 하고 있는지가 보이고, 어떤 기도를 원하는지가 나타납니다. 그리고 진짜 기도와 가짜 기도가 구분됩니다. 내가 남들에게 보이고자 했던 가짜 기도들, 남들의 시선을 의식해서 포장한 기도들이 드러나게 됩니다. 그것들은 하나님의 음성과 상관없는 것들입니다. 내 음성이거나 혹은 사탄의 미혹된 음성일 수 있습니다.

'왜 하나님은 내 기도를 들어주지 않으시지?'라는 의문이 드는 분들은 내면의 기도를 써보시기 바랍니다. 정말 솔직한 기도를 쓰는 것입니다. 그러면 처음에는 충격을 받을 수도 있습니다. 만약 그렇다면 그 충격에 오히려 감사하십시오. 지금까지 하나님의 음성을 왜곡해서 듣고 있었고, 내면에서 들리는 음성의 출처가 정확히 어디인지 모르면서 기도하고 있었음을 발견한 것이기 때문입니다.

또 우리는 내면에 숨어 있는 사탄의 음성, 또는 자신의 음성을 하나님의 음성과 구별해야 합니다. 메모로 드러난 묵상과 기도는 하나님의 음성에 대한 증거가 됩니다. 하나님의 음성을 듣는 귀한 영적 훈련에 한 번 도전해보시기 바랍니다.

예수님이라면 어떻게 하실지 묵상하라

기독교 고전 중에서 찰스 쉘던(Charles Monroe Sheldon)의 《예수님이라면 어떻게 하실까?》(In His Steps)라는 제목의 책이 있습니다. 이 책은 우리가 삶의 중심을 어디에 두고 있는지의 문제를 다룹니다. 우리에게는 매일을 살아가면서 경험하는 세상의 문제들, 복잡하게 얽혀 있는 관계의 문제들이 있습니다. 심지어 교회 안에서조차도 어떤 기준과 중심을 가지고 살아가야 하는지에 대한 질문이 있는데,

그런 질문 앞에서 먼저 '예수님이라면 어떻게 하실까?'라고 스스로에게 질문해보라는 것입니다.

저에게 "목사님, 이 문제에 대해 어떻게 행하면 좋을까요?"라고 물어오는 청년들이 많습니다. 그러면 저는 그 문제에 대해 본인들은 어떻게 생각하는지 청년들에게 다시 묻습니다. 문제를 가져오는 청년들 중에는 이미 결론을 가지고 있는 경우가 대부분이기 때문입니다. 그들은 그 결론을 저에게 확인 받고 싶어 할 뿐입니다. 동의를 구하는 것이지요. 자신들의 의견과 생각을 지지해달라는 것입니다.

그들의 대답을 들은 저는 "그렇다면 예수님이라면 어떻게 하실까?"라는 질문을 넌지시 던집니다. 그러면 저도, 상담을 받으러 온 청년도 그 문제에 대해 어떻게 행해야 할지, 어떤 선택과 행동을 해야 하는지가 조금 더 분명해지는 것을 발견합니다.

우리는 하나님의 음성을 다양한 방법으로 전해 듣습니다. 때로는 사람을 통해서, 때로는 상황 가운데 드러나기도 합니다. 그렇기에 '예수님이라면 어떻게 하실까?'라는 질문으로 접근해본다면, 우리에게 들리는 그분의 음성이 더욱 분명해질 것입니다.

물론 이는 우리가 그 음성에 따르느냐, 그대로 실천하느냐의 문제와는 별개입니다. 하나님의 음성이 분명함에도 그 음성에 따르기 힘든 경우들이 발생하기 때문입니다. 너무도 분명한 하나님의 음성임에도 도저히 따를 용기가 나지 않는 것입니다.

예를 들어 친구, 가족, 혹은 직장에서 다툼이 발생했다고 합시다.

'예수님이라면 어떻게 하실까?'를 묵상하는데, 하나님의 분명한 음성이 들립니다.

"네가 먼저 용서해라."

"주님, 아시잖아요. 이번에는 제가 잘못한 것이 아니잖아요. 정말 억울해요. 언제까지 이렇게 당하고만 있어야 해요? 이번에는 정말 못하겠어요."

그렇게 반응하는 우리에게 주님은 말씀하십니다.

"내가 십자가를 지고 골고다 언덕길을 올라갈 때, 사랑하는 내 아들아, 내 딸아, 너는 어디에 있었니? 내가 매질을 당하고, 살이 찢겨져 나갈 때, 너는 나를 부인하지 않았니? 너는 나를 모른다고 하지 않았니? 너는 나를 부인했지만, 사랑하는 내 아들아, 내 딸아, 나는 하나님 앞에서 너를 절대 부인하지 않는단다. 그래도 네 그 자존심을 내려놓을 수 없겠니?"

우리에게 들리는 하나님의 음성은 분명합니다. 이런 주님의 음성을 따르려면 용기가 필요합니다. 도저히 감당할 수 없을 만큼의 무게로 우리를 짓누르는 문제 앞에서 주님의 음성이 너무도 분명할 때 우리는 갈등합니다. 그렇기에 우리는 언제나 삶의 중심이 어디에 있는지를 분명하게 인식하며 살아야 합니다. 여전히 나 중심으로 살아가면, 주님의 음성을 따를 용기가 나지 않습니다. 그러나 우리가 결단하면 조금은 움직일 수 있습니다. 내가 삶의 중심을 주께 두고 살겠노라고 다짐하고, 그렇게 살기로 결단하면, 성령께서 친히 우리를 도와주시고 이끌어주시며 용기를 주실 것입니다.

매 순간 '예수님이라면 어떻게 하실까?'라는 질문을 하면서 살아가는 삶은 절대 쉽지 않습니다. 불편합니다. 그러나 그 질문이 우리의 삶을 제어하고 옭아맨다고만 생각하지 않았으면 좋겠습니다. 또 그 때문에 하나님의 음성 듣기를 두려워하지 않았으면 좋겠습니다.

하나님의 음성의 방향은 사랑, 용서, 자비, 평안, 화해, 이해, 배려입니다. 그러나 무조건 다 이해하고, 무조건 다 참고 인내하고, 무조건 다 견디라는 것이 아닙니다. 하나님의 음성에 '무조건'이란 없습니다. 그것은 오히려 하나님의 음성을 가장한 사탄의 미혹일 수도 있습니다. 하나님은 누구보다 우리의 상황과 형편, 믿음까지도 잘 아시기 때문입니다. 그래서 더욱 우리의 중심이 어디 있는지가 중요합니다.

침묵하실 때는 결정을 보류하라

어떤 때는 '예수님이라면 어떻게 하실까?'라고 묵상하고 고민하고 생각해도 하나님의 음성이 들리지 않을 수 있습니다. 곧 하나님이 침묵하실 때입니다. 이럴 경우, 우리는 침묵도 응답이라는 사실을 기억해야 합니다. 하나님은 자동응답기가 아닙니다. 우리가 질문한다고 하나님이 반드시 대답하실 필요는 없습니다.

하나님이 침묵하실 때에는 우리도 그 침묵에 동의했으면 좋겠습니다. 계속 그 문제를 내 마음 한편에 두고 기도하지만, 지금 당장 선불리 결정하지는 않는 것입니다. 결정을 보류하는 것이지요. 그냥 내버려 두는 것이 아니라, 예수님이라면 이 상황 속에서 어떻게 하실 지를 계속 생각하면서 그분의 인도하심을 구하는 것입니다. '하나님 의 침묵'이 우리가 하나님의 방법으로 결정하기를 원하신다는 하나 님의 음성이라고 받아들였으면 좋겠습니다.

이 세상을 살아가는 우리이지만, 그 삶의 중심은 주님이 되셔야 합니다. 모든 문제 가운데서 하나님의 음성을 먼저 구하는 자세를 취함으로 하나님의 자녀로서의 삶을 살아가는 것입니다.

혹 지금 하나님께서 침묵하고 계십니까? 그 역시 하나님의 응답입 니다. 선부른 결정보다는 더 하나님께 구하고, 더 하나님의 방법으 로 선택하고 결정하기를 힘쓰십시오.

지금 실천하라

지금까지 살펴본 방법들 외에도 다양한 방법을 통해서 하나님의 음 성을 들을 수 있습니다. 그러나 아직 준비가 되어 있지 않다면, 이 방법들에서부터 시작하면 좋겠습니다. 당장 우리가 실천할 수 있는 것들이니까요.

우리가 하나님의 음성을 매 순간 들으면서 살 수 있다면 정말 행 복하지 않을까요? 그 음성을 두려워하지 말기 바랍니다. 부담스러 워하지도 말기 바랍니다. 하나님은 언제나 우리를 위해 말씀하십니 다. 그 음성을 좇아서 살아간다면, 우리는 이 땅에서 분명 하나님의 나라를 세워나가는 하나님의 자녀로 살아갈 수 있습니다. 우리가 행복한, 그리고 하나님도 행복한 삶을 살아갈 수 있습니다.

그분이 지금 우리에게 말씀하고 계십니다. 우리의 눈을 들어 주님을 바라봅시다.

PART 2

하나님의 음성을 듣자

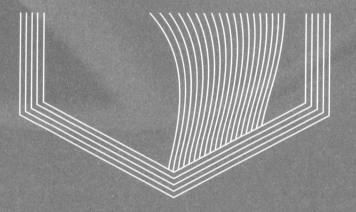

지금, 시작을 결단하라

이 시대는 아는 것이 힘인 시기를 이미 넘어섰습니다. 알고만 있는 것에서 멈춘다면 그 지식은 이미 힘을 잃은 지식일 뿐입니다. 우리가 알고 있는 그 지식이 삶에 적용되어 행동으로 드러나야 합니다. 그래야 그 지식에 진정으로 힘이 실립니다.

신앙훈련에서도 마찬가지입니다. 지식으로만 알고 있다면, 그것은 고상한 화석으로만 남을 것입니다. 우리는 배우고 알고 있는 이 지식을 삶으로 살아내야 합니다. 하나님의 음성이 무엇인지, 어떻게 그 음성을 들을 수 있는지 알게 되었다면, 이제 우리의 삶에 적용해야 합니다.

이를 위해서는 훈련이 필요합니다. 자신을 쳐서 복종하는 훈련이 필요합니다. 그렇지 않으면 이 지식은 머지않아 사라질 것입니다. 그래서 앎의 체화(體化)가 필요합니다. 내 손과 발, 그리고 마음의 훈련이 시작되어야 합니다. 우리가 소홀하게 생각했던 매일의 시간을 훈련으로 채워야 합니다. 우리의 일상이 훈련되고, 훈련이 우리의 일상이 되는 수준으로 끌어올려야 합니다. 그때 비로소 우리의 삶에 변화가 나타나게 됩니다.

청년들과 '하나님의 음성 듣기 훈련'을 처음 시작했을 때 많은 이들이 신청했지만, 사전 훈련(pre-coursework)에서 신청 인원의 3분의 1이 중도에서 포기했고, 본 훈련에서 또 3분의 1이 포기했습니다. 훈련의 내용이 어려웠던 것이 아니라, 매일의 훈련을 감당하는 것이 어려웠던 것입니다. 이것이 시간을 다루지 못하는 청년들의 현실이었습니다.

훈련에 있어 가장 중요한 것은 매일의 실천입니다. 짧은 시간이라도 매일 훈련에 참여한 청년들은 변화를 경험했습니다. 훈련이 진행될수록 하나님의 음성에 대해 민감해지는 자신을 보게 된 것입니다.

"하나님의 음성 듣기 훈련을 하면서 나와 함께하고자 하시는 하나님을 경험하게 되었습니다. 하나님과의 교제가 어떤 것인지 알게 되었고, 세밀하게 말씀하시는 하나님을 배웠습니다."

"하나님의 음성 듣기 훈련을 하면서 죄에 대해 더 민감해졌습니다. 쉽게 지나쳤던 죄들을 깨닫게 되었고, 하나님과의 관계, 하나님의 음성 듣기를 가로막고 있었던 장애물이 죄라는 것을 다시금 깨닫고 그것에 민감해지는 시간이었습니다."

"가장 힘든 시간에 하나님의 음성 듣기 훈련을 했는데, 이 훈련이 아니었다면 여전히 제가 잘하고 있다고 생각했을 것 같습니다. 제가 하는 생각들, 세상의 음성들, 사람들의 가치관에 휩쓸려 살아가고 있던 저를 깨닫는 시간이었습니다. 이 훈련이 가장 힘든 시간에 저를 하나님께 집중할 수 있도록 하신 하나님의 인도하심이라고 생각합니다."

"제가 기도한 부분이 계속해서 어그러지는 상황이 발생했습니다. 기도를 하는데도 그 일이 제 생각이나 뜻대로 되지 않았습니다. 그럼에도 저에게 주시는 하나님의 음성은 '네가 기도했기 때문'이라는 것이었습니다. 그런데 제 기도들이 엎어지면서 가장 선한 길로 인도하시는 하나님의 동행하심도 경험할 수 있었습니다. 넘어지는 것 같았는데 하나님은 다시 세우셨고, 기도하며 하나님의 음성에 집중하다보니까 저에게 가장 죄 된 모습을 보게 되었습니다. 하나님은 제가 죄를 다 고백하게 하셨습니다."

하나님의 음성 듣기 훈련을 마치고 나눈 고백들입니다. 하나님의 음성 듣기 훈련은 절대 쉬운 훈련이 아닙니다. 그러나 하나님은 자신의 시간과 정성을 들여 훈련에 임한 청년들에게 너무도 벅찬 은혜를 허락하셨습니다. 이 훈련을 하지 않았다면, 하나님에 대해 오해할 뻔했다는 청년의 고백도 있었습니다.

훈련을 인도한 저로서는 이보다 행복할 수가 없습니다. 그러나 동시에 더 거룩한 부담이 다가왔습니다. '청년의 때부터 창조주 하나님을 기억하며 그분의 음성을 듣고 민감하게 반응할 수 있다면, 교회가 무너져가는 이 시대에 조금은 소망이 생기지 않을까?' 하는 비전이었습니다.

그러나 가식적으로 훈련의 모양만 갖추는 것은 우리에게 전혀 도움이 되지 않습니다. 정말 하나님의 사람으로 살고자 하는 갈망, 나에게 주시는 하나님의 음성을 갈망하는 마음이 있다면 먼저 우리가 결단해야 합니다. 성령께서는 결단하는 자들에게 힘을 주시고 용기를 허락하십니다. 그리고 성령께서 역사하심으로 말미암아 포기하고 싶은 우리의 마음을 붙잡아주시고, 후들거리는 다리, 떨리는 심장을 부여잡고 다시 일어설 수 있도록 도와주십니다.

하나님의 음성 듣기 훈련은 혼자해도 좋지만, 2-4명이 모여 함께 해도 좋습니다. 개인적으로 의지가 약하신 분들은 믿음의 공동체, 특히 영적으로 함께 교제할 수 있는 분들과 이 훈련을 진행하면 더욱 효과적일 것입니다.

하나님 음성을 듣는 훈련, 지금 시작하시기 바랍니다. 하나님이 우리의 손을 붙잡아주십니다.

훈련서약

1 모든 훈련에 진실함과 진정성을 가지고 임하십시오.

2 한 문장, 한 단어를 사용할 때 먼저 그 문장과 단어의 의미를 분명하게 생각하고 사용하십시오.

3 과제나 기도는 길게 쓰지 않아도 됩니다. 내 안에서 들리는 음성을 글로 표현하는 데 집중하십시오.

4 날마다, 매일의 훈련이 중요합니다. 하루라도 그냥 넘어가서는 안 됩니다. 사탄은 훈련 기간 중 우리를 더 바쁘게, 더 매력적인 것들로 우리의 시선을 분산시키려 할 것입니다. 이것을 이겨내야 합니다.

5 정해진 과제에 최선으로 임하십시오. 절대 쉬운 훈련은 아닙니다. 그러나 최선으로 임할 때, 우리가 지금까지 경험해보지 못한 수준의 하나님의 임재를 경험할 수 있습니다.

6 서로의 기도와 묵상, 훈련의 과제를 나눌 때 경청하십시오. 함부로 판단하지 마십시오. 존중하고 또 존중하십시오. 그리고 겸손함으로 함께하십시오.

7 영적으로 시험에 빠지거나 위급한 상황이 생기면 긴급 중보기도 제목으로 나누십시오. 예수님의 이름으로 하는 중보기도는 사탄의 모든 힘을 꺾을 수 있습니다.

사랑과 은혜의 주님, 이제 하나님과의 동행, 그리고 하나님의 음성 듣기 훈련을 시작합니다. 우리가 행복하기를 원하시는 하나님의 그 음성을 우리가 날마다 듣기 원합니다. 하나님의 그 음성에 반응할 때 우리가 이 땅에서 가장 행복한 순간을 누릴 수 있음을 알게 하옵소서.

나의 언어로 기도해보세요.

_____

_____

_____

예수님의 이름으로 기도드립니다. 아멘.

Accept

내가 누구인지 받아들이라

하나님의 음성을 듣는 훈련을 시작하면서 우리에게 요구되는 첫 번째 영적 원리는 바로 정체성에 대한 것입니다. 곧 우리는 누구이며, 스스로를 어떻게 이해해야 하는지의 문제입니다.

"나는 누구인가?"

이 질문에 많은 성도들은 '죄인'이라고 대답합니다. 로마서 3장 23절은 "모든 사람이 죄를 범하였으매 하나님의 영광에 이르지 못하더니"라고 말합니다. 정답입니다. 인간은 죄인입니다. 그리고 하나님은 죄인인 인간을 구원하시기 위해 예수 그리스도를 이 땅에 보내셔서 우리의 죄를 대신 짊어지고 십자가에서 죽으심으로 우리의 죄를 깨끗하게 하셨습니다. 이것이 우리가 믿는 구원의 복음입니다.

문제는, 우리가 이 사실을 받아들여야 한다는 것입니다!

자신의 죄인 됨을 고백하지 못하면 십자가의 사랑과 능력은 아무 의미가 없어집니다. 삶 가운데서 십자가의 능력이 경험되기 위해서는 먼저 내 안에 존재하는 죄의 얼룩을 고백해야만 합니다. 우리가 죄인이기 때문입니다.

그런데 이보다 먼저 된 우리의 정체성이 있습니다. 즉 죄인보다 앞선 우리의 정체성이 있습니다.

> 하나님이 자기 형상 곧 하나님의 형상대로 사람을 창조하시되 남자와 여자를 창조하시고 창 1:27

> 여호와 하나님이 땅의 흙으로 사람을 지으시고 생기를 그 코에 불어넣으시니 사람이 생령이 되니라 창 2:7

창세기 3장에서 첫 번째 사람 아담과 하와가 하나님 앞에 죄를 짓는 장면이 나옵니다. 그러나 그보다 앞선 창세기 1장과 2장은 죄인 이전에 '하나님의 형상(image)으로 지음을 받은 존재로서의 인간'과 '하나님의 호흡, 생기(ruach)로 살게 된 생령으로서의 인간'을 소개합니다.

우리는 이 사실 또한 받아들여야 합니다!

죄는 하나님과 우리 사이를 단절시켰습니다. 그러나 그것이 원래의 정체성은 아니라고 성경은 말합니다. 우리는 하나님의 형상을 지닌 이들이요, 그분의 호흡으로 숨을 쉬게 된 이들입니다. 하나님의 형상을 가졌다는 것을 더 쉽게 표현하면, 우리가 하나님의 형상을 이식받았다고 생각하면 됩니다. 하나님의 형상 이식은 우리가 '하나님과 같은'(Godly) 존재였다는 것의 근거가 됩니다. 그리고 그분의 생기가 우리의 죽은 육체 가운데 들어올 때, 우리가 그분의 생기를 받아들일 때, 우리는 생명력을 가지게 되었습니다.

이 생명력은 죽음의 반대입니다. 절망의 반대입니다. 좌절과 실패의 반대입니다. 폭력과 억압의 반대입니다. 사망의 반대입니다. 그리고 어두움의 반대입니다. 생명력은 희망이고, 회복이며, 평화이고, 자유이며, 구원이자 빛 그 자체입니다.

하나님은 우리를 이런 존재로 창조하셨습니다. 죄가 들어오기 전까지는 말입니다. 아니, 엄밀히 말하면 죄가 들어온 이후에도 하나님의 창조적 비전이 이 모든 생명력에 담겨 있었습니다. 다만, 우리 스스로가 그 생명력을 잃어버린 것뿐입니다.

그러면 이 생명력은 어떻게 소생(revive)되었습니까? 예수 그리스도, 하나님의 사랑의 결정체인 예수님을 통해서입니다. 우리가 하나님의 음성을 들을 수 있는 근거는 우리의 본질적인 정체성이 죄인이 아니라 하나님의 형상을 이식받은 존재라는 사실과 하나님의 호흡, 생기로 인해 숨을 쉬게 된 존재라는 사실 때문입니다.

우리는 가장 먼저 이 놀라운 우리의 정체성을 기억해야 합니다. 얼굴을 거울에 비춰보십시오. 그리고 크게 숨을 쉬어보십시오. 거울 속에 비치는 내 얼굴 가운데 하나님의 형상이 보입니까? 내면에 깊이 자리 잡고 있는 하나님의 형상이 보입니까? 내 숨소리 가운데 하나님의 생기가 느껴집니까?

　죽은 자는 숨을 쉬지 못합니다. 죽은 자는 하나님의 형상을 자신의 모습 속에서 발견할 수 없습니다. 만일 우리가 살아 있으나 죽은 자같이 살고 있다면, 우리의 모습 속에서 하나님의 형상과 그분의 호흡을 발견할 수 없을 것입니다.

　우리는 이 사실 또한 받아들여야 합니다!

• 거울을 보면서 내 안에 보이는 하나님의 형상(image)을 찾아보십시오. 그분의 호흡과 생기를 느껴보십시오. 갈라디아서 5장 16-23절을 참고하십시오.

"내가 이르노니 너희는 성령을 따라 행하라 그리하면 육체의 욕심을 이루지 아니하리라 육체의 소욕은 성령을 거스르고 성령은 육체를 거스르나니 이 둘이 서로 대적함으로 너희가 원하는 것을 하지 못하게 하려 함이니라 너희가 만일 성령의 인도하시는 바가 되면 율법 아래에 있지 아니하리라 육체의 일은 분명하니 곧 음행과 더러운 것과 호색과 우상 숭배와 주술과 원수 맺는 것과 분쟁과 시기와 분냄과 당 짓는 것과 분열함과 이단과 투기와 술 취함과 방탕함과 또 그와 같은 것들이라 전에 너희에게 경계한 것같이 경계하노니 이런 일을 하는 자들은 하나님의 나라를 유업으로 받지 못할 것이요 오직 성령의 열매는 사랑과 희락과 화평과 오래 참음과 자비와 양선과 충성과 온유와 절제니 이같은 것을 금지할 법이 없느니라."

주님, 제가 누구인지 묵상해보았습니다. 저는 죄인입니다. 그러나 그것이 하나님이 창조하신 원래의 모습은 아닙니다. 저는 하나님의 형상을 이식받은 자요, 하나님의 생기로 숨을 쉬게 된 하나님의 아름다운 창조물입니다. 주님, 저는 오늘 이 사실을 받아들입니다.

나의 언어로 기도해보세요.

예수님의 이름으로 기도드립니다. 아멘.

Break
세상과의 관계를 깨뜨리라

하나님의 음성을 듣는 훈련을 시작했다면, 세상과 관계하던 것들을 정리해야 합니다. '정리한다'(arrange)라는 말은 결국 그 관계를 깨뜨리는 것, 단절하는 것(break)을 의미합니다. 우리가 관계를 맺고 있던 세상의 방법들, 가치관들, 기준들, 패러다임들과 이별하는 것입니다.

우리는 여전히 이 세상 속에서 살아가는 존재들이지만, 우리가 추구하는 삶의 방식과 방향성은 세속적인 것에 물들지 말아야 합니다. 이 세상을 살아가지만, 하나님나라의 가치관으로 살아가기를 힘써야 합니다.

신앙생활에서도 마찬가지입니다. 신앙이란 이름으로 내려온 전통, 율법, 규칙, 교리들에 얽매여 살아가다 보면 우리는 '무미건조한 신앙'이라는 화석만 붙들게 됩니다. 이것 역시 우리가 단절해야 할 대상입니다.

하나님은 오늘도 살아 계신 분입니다. 그렇기에 오늘도 하나님을 만나는 새로운 전통이 세워질 수 있습니다. 오늘도 하나님은 우리에게 하나님의 사람으로 이 땅에서 살아갈 수 있는 율법을 가르쳐주십니다. 오늘도 세상 속에서 하나님의 사람으로 마땅히 지켜야 하는 규칙, 하나님을 보다 분명하게 알 수 있고 경험할 수 있도록 도와주는 지침들이 만들어질 수 있습니다. 이 사실을 우리가 인지하고 있어야 합니다.

하나님은 살아 계신 분이기에 오늘도 우리 가운데서 역사하십니다. 그런데도 우리는 이미 익숙해진 세상의 방법들과 기존의 신앙이라는 패러다임 속에 갇혀서 전혀 창조적인 생각과 삶을 영위하지 못하고 있습니다. 우리는 하나님의 형상을 지닌 이들인데, 하나님의 생기로 숨을 쉬는 생령(a living being)들인데도 능동성을 상실한 수동적 종교인으로 전락한 것 같습니다. 이런 생각은 세속적인 세상 속에서 더 극심해집니다. 크리스천이라는 사실을 학교와 직장에서, 사회에서 숨기고 사는 편이 더 이득인 이 시대 속에서, 어찌 보면 수동적 크리스천의 자세로 스스로를 보호하고 있는지도 모르겠습니다.

그러나 그 순간이 바로 우리가 세상과 타협하기 시작하는 지점이 됩니다. 세상의 문화와 사회 구조와 세속적 힘과 억압에 조금씩 내 울타리를 내어주게 되는 것입니다. 문제는, 한 번 열린 울타리는 좀처럼 닫기 힘들다는 사실입니다. 한 번 회식 자리에서 술에 내 입을 허락하면, 두 번째부터는 거부하기 어려워집니다. 한 번 세상의 스펙 쌓는 일에 몰두하면, 결국에는 신앙도 스펙의 일부가 되어버립니다. 한 번 성적 쾌락을 추구하다 보면, 결국에는 나도 모르게 그 쾌락을 찾고 있는 나 자신을 발견하게 될 것입니다. 한 번 남을 짓밟고 올라서는 경쟁을 합리화하면, 결국에는 모든 것을 경쟁의 잣대로 바라보게 됩니다. 한 번 돈이 삶의 중심에 자리하게 되면, 결국에는 돈 없이는 절대 행복할 수 없다는 관념에 사로잡히게 됩니다. 한 번 하나님과의 관계보다 사람들과의 관계가 우선이 되어버리면, 결국에는 나도 모르게 하나님을 내 삶의 자리에서 지워버리게 됩니다. 그리고 이런 삶은 결국 나를 하나님의 자녀가 아닌, 세상의 자녀로 자라게 합니다.

> 그때에 너희는 그 가운데서 행하여 이 세상 풍조를 따르고 공중의 권세 잡은 자를 따랐으니 곧 지금 불순종의 아들들 가운데서 역사하는 영이라 전에는 우리도 다 그 가운데서 우리 육체의 욕심을 따라 지내며 육체와 마음의 원하는 것을 하여 다른 이들과 같이 본질상 진노의 자녀이었더니 긍휼이 풍성하신 하나님이 우리를 사랑하신 그 큰 사랑을 인하여 허물로 죽은 우리를 그리스도와 함께 살리셨고 (너희는 은혜로 구원을 받은 것이라) 엡 2:2-5

크리스천이란 우리가 예수로 인해서 진노의 자녀, 곧 죽을 수밖에 없던 자녀에서 생명을 얻은 자녀가 되었다는 의미입니다. 잃어버렸던 하나님의 형상이 회복되고, 하나님의 숨이 우리의 죽은 육체를 다시금 살리신 것을 의미합니다. 그런데 이것들을 다시 세상에게 내어준 것입니다.

이는 그리스도 예수 안에서 우리에게 자비하심으로써 그 은혜의 지극히 풍성함을 오는 여러 세대에 나타내려 하심이라 너희는 그 은혜에 의하여 믿음으로 말미암아 구원을 받았으니 이것은 너희에게서 난 것이 아니요 하나님의 선물이라 엡 2:7,8

에베소서의 저자는 구원, 곧 하나님과 단절되었던 우리가 예수님으로 인해 관계가 회복된 것은 우리의 자력으로 된 것이 아니라 하나님의 선물이라고 분명하게 밝힙니다. 그러나 우리가 세상과 관계하면 할수록 하나님의 선물의 가치는 사라지고, 어느 때가 되면 우리에게 남아있는 하나님의 선물은 모두 사라지게 될 것입니다.

그렇다면 우리의 내면에 남게 되는 것은 무엇이겠습니까? 하나님이 선물로 주신 구원의 감격이 남아있겠습니까? 그곳에 하나님의 선물로 주어진 성령의 열매들이 남아있겠습니까? 절대 그렇지 않을 것입니다. 세속적인 세상의 가치관과 기준들이 자리 잡고 있을 것이며, 오히려 그것들이 교회 안에서도 하나님나라의 원리가 아닌 세상의 원리로 믿음이 좋은 척 가면을 쓰게 하고, 하나님을 속이고 성도들을 속이려 들 것입니다. 양의 탈을 쓴 늑대로 살아가는 것입니다.

이런 이들의 마지막이 어떠하겠습니까? 가장 심각한 문제는 우리도 역시 그렇게 흘러가고 있다는 사실입니다. 어떻게 알 수 있습니까? 하나님의 음성이 얼마나 우리의 내면에 들리는지 점검해보십시오. 내가 하나님과 얼마나 동행하고 있는지를 스스로 판단해야만 하는 이유가 여기에 있습니다.

나도 모르게 세속적인 세상과 관계하면서, 그것을 합리화시키고 타협하면서 신앙인의 삶보다 종교인의 삶을 살고 있을 수 있습니다. 그러나 이제는 바꿔야 합니다. 지금 바꾸지 않으면 평생 바꿀 수 없다는 마음으로, 지금 의지를 가지고 움직여야 합니다.

• 오늘 하루 동안의 삶을 돌아보면서, 나도 모르게 세상과 타협하는 모습은 없었는지 돌아봅시다. 솔직한 내 모습, 차마 말하기 부끄러운 모습이라 할지라도 이곳에 적는 것을 통해 결단할 수 있습니다. 이 기록은 세상의 가치관, 방법, 기준들을 내 삶에서 깨뜨리겠다는 의지의 표현이자 약속입니다.

_____

_____

_____

_____

_____

_____

기도

주님, 저도 모르게 이미 제 삶에 깊숙이 들어와 자리를 잡고 있던 세상의 방법들과 가치관들, 세속적인 기준들을 이 시간 십자가에 못 박습니다. "내가 그리스도와 함께 십자가에 못 박혔나니 그런즉 이제는 내가 사는 것이 아니요 오직 내 안에 그리스도께서 사시는 것이라 이제 내가 육체 가운데 사는 것은 나를 사랑하사 나를 위하여 자기 자신을 버리신 하나님의 아들을 믿는 믿음 안에서 사는 것이라"(갈 2:20)라고 다시 한 번 고백하며, 죄로 얼룩진 제 자아를 십자가에 못 박습니다.

나의 언어로 기도해보세요.

_____

_____

_____

_____

_____

예수님의 이름으로 기도드립니다. 아멘.

Control

행동을 조절하라

운동할 때 가장 효과적인 방법은 내 의지로 근육을 조절(control)할 때라고 합니다. 다리가 부들부들 떨릴 때 내 의지로 근육을 조절하며 천천히 움직이면, 그 근육에 힘이 더해지면서 운동이 되는 것입니다. 그러나 그 순간에 큰 고통이 주어지기에 많은 사람이 끝까지 자신의 근육을 조절하지 못하고 포기하는 것입니다.

우리가 기도하거나 말씀을 묵상하는 등, 우리의 영성을 훈련하는 가운데 스스로의 의지로 영적인 근육을 조절할 수 있다면 그것만큼 효과적인 훈련은 없을 것입니다. 기도를 해도 억지로 하거나 시간을 소비하는 것이 아니라 의지를 가지고 기도하는 것입니다. 말씀을 묵상해도 형식적으로 이미 해석된 말씀을 보는 것에 머무는 것이 아니라, 의지를 가지고 하나님의 말씀 속에서 나에게 주시는 음성을 듣는 연습을 하는 것입니다. 이러한 노력이 바로 우리의 의지로 영적인 근육들을 훈련하는 것입니다.

이런 원리는 영적인 부분뿐 아니라 우리의 일상에도 적용할 수 있습니다. 즉, 우리가 우리의 행동들을 조절하는 것입니다. 우리의 오감이 작동하는 모든 행동을 조절하는 것입니다.

See, 무엇을 보는지 조절합니다.

Listen, 무엇을 듣는지 조절합니다.

Breathe, 호흡을 조절합니다.

Touch, 무엇을 만지고 느끼는지 조절합니다.

Speak, 말을 조절합니다.

우리는 무의식적으로 세상에 몸을 내어주는 경우가 많습니다. 내가 내 몸과 행동의 주인이 되지 못하고, 세상의 방식대로 흘러가면서 타협합니다.

예를 들면, 세상 사람들이 모두 다른 이들을 험담한다면서 나 역시 그 험담에 동참합니다. 불평불만에 찌든 사람들 속에서 나 역시 그 불평불만에 동참합니다. 세상 사람들이 모두 말초신경을 자극하는 쾌락적 영상과 폭력적, 선정적인 영상에 노출되어 있다면서 내가 보는 것 역시 괜찮다고 착각합니다. 우리가 듣는 수많은 말, 혹은 가르침이라고 이야기하는 강연들 속에서 아무 생각 없이 크리스천으로서의 존재를 부정하는 것들에 무비판적으로 노출됩니다.

우리의 호흡 하나가 하나님의 생기(루아흐)라는 사실을 인지하지 못한 채 그저 시간이 되면 자고, 시간이 되면 일어나 숨 쉬는 일상을 반복합니다. 우리는 그렇게 자의든 타의든, 우리의 의지를 포함하든 그렇지 않든 매일의 삶에서 '조절 장애'를 겪으면서 살고 있습니다.

하나님의 음성을 듣는 삶을 추구하는 이들이라면 적어도 이런 장애에서는 벗어나야 합니다. 지극히 세상 중심적이거나 혹은 세상의 힘에 눌려 살아가고 있는 자신을 발견한다면, 이제 우리는 그것들에서 벗어나야 합니다.

그러나 우리는 이 조절 장애의 굴레 속에서 쉽게 벗어날 수 없음을 잘 알고 있습니다. 벗어나려 시도하지만, 세상은 우리를 끝까지(엄밀히 말하면, 사탄의 권세가 우리를 끝까지) 물고 늘어지기 때문에 절대 쉽지 않습니다. 그러므로 우리는 성령의 능력을 추구해야 합니다. 스스로 의지를 가지고 훈련할 수 있을 때까지 성령에 의해 움직이고 붙들림(be controlled) 받아야 합니다. 바울의 고백을 들어보십시오.

육신의 생각은 사망이요 영의 생각은 생명과 평안이니라 육신의 생각은 하나님과 원수가 되나니 이는 하나님의 법에 굴복하지 아니할 뿐 아니라 할 수도 없음이라 육신에 있는 자들은 하나님을 기쁘시게 할 수 없느니라 만일 너희 속에 하나님의 영이 거하시면 너희가 육신에 있지 아니하고 영에 있나니 누구든지 그리스도의 영이 없으면 그리스도의 사람이 아니라 롬 8:6-9

육신의 생각은 사망이지만, 성령에 의해서 조절되는 생각(the mind controlled by the Spirit is life and peace)은 생명과 평안이라고 바울은 말합니다. 또한 9절에서 말하는 것과 같이, 하나님의 영에 거하는 삶을 사는 사람이 그리스도의 사람이라고 분명히 밝힙니다. 하나님의 영에 거하는 삶(the Spirit of God lives in you)이 바로 성령에 의해서 조절되는, 움직이는 삶(controlled by the Holy Spirit)입니다.

> 성령이 친히 우리의 영과 더불어 우리가 하나님의 자녀인 것을 증언하시나니 자녀이면 또한 상속자 곧 하나님의 상속자요 그리스도와 함께한 상속자니 우리가 그와 함께 영광을 받기 위하여 고난도 함께 받아야 할 것이니라 롬 8:16,17

우리가 추구해야 하는 삶은 바로 성령과 더불어, 그분에 의해서 조절되는(붙들림 받는) 삶입니다. 그런 삶이 하나님의 자녀, 하나님의 사람의 삶입니다. 이렇게 성령과 함께 우리의 의지로 '영적인 근육'뿐만 아니라, 크리스천으로서 매일의 삶을 살아내는 '일상의 근육'도 조절할 수 있어야 합니다.

단단해진 영적인 근육과 일상의 근육은 우리가 하나님의 음성을 듣는 데 필요한 영적 체력을 강하게 만들어줍니다. 우리는 그 근육을 사용해서 삶의 행동을 조절할 수 있습니다.

- 자신의 영적 체력을 점검해봅시다. 나는 얼마나 '영적인 근육'과 '일상의 근육'을 훈련하고, 그것으로 일상의 행동을 조절하고 있는지 돌아봅시다. 자신의 목표치를 만들고, 그것을 단련하기 위해 구체적인 계획을 세워봅시다.

예배	1	2	3	4	5	6	7	8	9	10
말씀 묵상	1	2	3	4	5	6	7	8	9	10
기도	1	2	3	4	5	6	7	8	9	10
봉사/사역	1	2	3	4	5	6	7	8	9	10
교제	1	2	3	4	5	6	7	8	9	10
훈련	1	2	3	4	5	6	7	8	9	10
섬김	1	2	3	4	5	6	7	8	9	10
성품	1	2	3	4	5	6	7	8	9	10
보는 것(See)	1	2	3	4	5	6	7	8	9	10
듣는 것(Listen)	1	2	3	4	5	6	7	8	9	10
호흡하는 것(Breathe)	1	2	3	4	5	6	7	8	9	10
만지는 것(Touch)	1	2	3	4	5	6	7	8	9	10
말하는 것(Speak)	1	2	3	4	5	6	7	8	9	10
생각하는 것(Think)	1	2	3	4	5	6	7	8	9	10

- 나에게 부족한 부분은 무엇인지 구체적으로 적어봅시다. 그리고 그 부분에 대해서 어떻게 스스로 조절할 수 있을 정도의 근육을 단련할 수 있는지 방법을 생각해봅시다.

기도

주님, 제 영적인 근육과 일상의 근육이 단단하지 못함을 이 시간 고백합니다. 그리하여 매일의 삶에서 세상에 몸을 내어주고, 육신의 생각에 마음을 내어주는 일이 대수롭지 않게 일어나고 있었음을 이 시간 회개합니다. 주님, 간절히 기도합니다. 하나님의 사람으로 이 땅에서 살아가면서 저를 조절(control)하며 살아갈 수 있도록 성령님께 붙들림 받아(be controlled by the Spirit) 사는 인생이 되게 하옵소서.

나의 언어로 기도해보세요.

_____

_____

_____

_____

예수님의 이름으로 기도드립니다. 아멘.

Deny

나를 부인하라

하나님의 음성을 듣기 위해서는 우리 내면에 하나님이 거하실 수 있도록 내면의 정화와 질서가 필요하다는 것을 우리는 잘 알고 있습니다. 우리의 내면은 조종실과 같다고 한 고든 맥도널드(Gordon Mcdonald)의 주장을 빌려서 '질서 없이 어지러워진 우리의 내면'이라는 조종실에 과연 소망이 있는지 물어보고 싶습니다. 잘 정돈되어 있어야 하는 조종실이 온갖 쓰레기와 음식물로 더럽혀져 있다면, 과연 그 조종실이 온전한 컨트롤타워가 될 수 있을까요? 그럴 수 없습니다.

그러나 지금 우리의 내면에서는 그런 어처구니없는 일들이 벌어지고 있습니다. 한쪽에서는 하나님의 나라를 위해 살겠노라고 다짐하지만, 다른 한편에서는 여전히 세상의 정욕을 찾아 헤매는 하이에나 같은 모습이 공존하고 있습니다. 예배를 드리면서 하나님의 말씀에 감동하고 찬양을 부르며 눈물을 흘리지만, 예배가 끝나는 동시에 이기적으로 변하는 우리의 모습을 발견합니다. 선한 일을 추구하고자 마음먹지만, 조금의 불편함이 생기거나 손해를 입으면 곧 쉽게 분노하는 우리를 봅니다. 이것이 바로 우리의 현실입니다.

도대체 어떤 것이 우리의 진짜 모습일까요? 하나님을 추구하는 모습일까요 아니면 이기적으로 내 욕망을 채우려는 모습일까요? 우리의 내면에 거하는 진짜 우리의 모습은 무엇입니까?

> 또 무리에게 이르시되 아무든지 나를 따라오려거든 자기를 부인하고 날마다 제 십자가를 지고 나를 따를 것이니라 눅 9:23
> Then he said to them all: "If anyone would come after me, he must deny himself and take up his cross daily and follow me.

이 구절은 성도들이 꼭 암송해야 하는 말씀으로, 예수님의 제자가 되고자 한다면 자기를 부인하고 날마다 자기 십자가를 지고 예수를 따라야 한다는 제자도의 본질에 대한 예수님의 말씀입니다. 이 말씀은 누가복음 9장, 마태복음 16장, 그리고 마가복음 8장에 나옵니다. 예수님이 이 말씀을 하신 이유를 더 깊이 이해하기 위해서는 본문의 배경을 꼭 알아야 합니다.

예수님은 가이사랴 빌립보라는 곳에서 제자들에게 한 가지 질문을 하셨습니다.

"사람들이 인자를 누구라 하느냐?"

제자들은 예수님을 어떤 이는 세례 요한, 어떤 이는 엘리야, 어떤 이들은 예레미야나 선지자 중의 한 사람이라고 말한다고 대답했습니다. 그때 주님은 제자들에게 다시 한 번 질문하셨습니다.

"그러면, 너희는 나를 누구라 하느냐?"(마 16:15)

그때 베드로는 "주는 그리스도시요 살아 계신 하나님의 아들이시니이다"라는 엄청난 고백을 드렸습니다. 주님은 이런 베드로를 칭찬하시면서 이 사실을 아무에게도 말하지 말라고 말씀하셨습니다. 이후에 예수님은 제자들에게 자신이 예루살렘에서 대제사장과 서기관들에게 많은 고난을 받고 죽임을 당한 후 사흘만에 살아날 것이라고 말씀하십니다. 그러자 베드로가 다시 한 번 말합니다.

> 베드로가 예수를 붙들고 항변하여 이르되 주여 그리 마옵소서 이 일이 결코 주께 미치지 아니하리이다 예수께서 돌이키시며 베드로에게 이르시되 사탄아 내 뒤로 물러 가라 너는 나를 넘어지게 하는 자로다 네가 하나님의 일을 생각하지 아니하고 도리어 사람의 일을 생각하는도다 하시고 마 16:22,23

'주는 그리스도시요 살아 계신 하나님의 아들'이라는 고백으로 예수님의 엄청난 칭찬을 받은 베드로가 예수님의 죽음과 부활에 대한 예언을 듣자마자 얼굴빛이 순식간에 돌변하면서 그분의 멱살을 잡을 듯이 말합니다.

"절대 그런 일은 있을 수가 없습니다!"

이 말의 숨은 동기가 무엇입니까?

"내가 모든 것을 버려두고 당신을 따랐는데 이제 와서 죽는다니, 그게 무슨 말도 안 되는 말씀입니까?"

이런 의미가 아니었을까요? 베드로의 가이사랴 빌립보의 고백이 무색해지는 순간입니다. 예수님은 베드로의 손을 뿌리치시며 그에게 "사탄아 내 뒤로 물러가라 너는 나를 넘어지게 하는 자로다 네가 하나님의 일을 생각하지 않고 사람의 일, 곧 너 자신의 유익만 생각하도다"(마 16:23; 막 8:33)라고 말씀하셨습니다. 그리고 이어서 하신 말씀이 "자기를 부인하고 자기 십자가를 지고 나를 따르라"(막 8:34)라는 것입니다. 누가복음의 저자는 '자기 십자가' 앞에 '날마다'라는 단어를 추가했습니다. 이 사건의 배경이 중요한 이유는 베드로의 모습에서 우리 내면에 존재하는 또 다른 나를 발견할 수 있기 때문입니다.

하나님의 형상을 이식받은 '나'의 모습이 있는 동시에, 죄로 오염된 혹은 왜곡된 또 다른 '나'가 우리의 내면에 존재합니다. 베드로의 모습 가운데 예수를 그리스도로 고백한 하나님의 형상인 내가 있는가 하면, 아무것도 보상받지 못하는 것에 대한 분노를 일으키는 왜곡된 내가 존재합니다. 그렇다면 예수님이 날마다 십자가를 지라고 요청하신 자기 부인의 대상은 누구입니까? 바로 왜곡된 나, 죄로 얼룩진 나입니다. 내면에 이런 나의 모습이 커지면 커질수록 하나님의 형상은 희미해집니다.

우리는 이 두 존재 사이에서 아슬아슬하게 줄타기하면서 일상을 살아갑니다. 그것이 현실입니다. 거룩한 척하지만 내면은 여전히 세상의 불법으로 가득해서 스스로도 혼란을 겪고 있는 이들이 적지 않습니다.

더 이상은 안 됩니다. 예수님 앞에서 왜 당신이 죽어야 하느냐고 항변하던 베드로의 모습이 우리 안에 존재하는 한, 우리는 온전한 하나님의 음성을 들을 수 없습니다. 우리 내면에서 이렇게 왜곡된 나를 부인해야 합니다.

왜곡된 자아는 우리를 하나님의 음성으로부터 달아나게 만듭니다. 의도적으로 못 들은 척하게 만듭니다. 죄로 얼룩진 우리의 자아는 하나님의 음성보다 세상의 음성에 더 귀를 기울이게 만듭니다. 당연합니다. 속성이 같기 때문입니다. 왜곡된 자아의 속성과 세상의 속성이 일치하기 때문입니다.

반면, 우리의 내면에 하나님의 형상이 더 크게 자리 잡고 있다면 하나님의 음성이 더 잘 들릴 수밖에 없습니다. 우리의 조종실, 곧 내면의 주파수가 하나님의 음성에 맞추어져 있다면 그분의 음성은 우리에게 분명하게 들리게 됩니다. 그러므로 우리는 오염된 우리의 내면을 정화하도록 몸부림쳐야 합니다.

그렇다면 어떻게 우리의 내면을 정화하고, 왜곡된 자아를 부인(deny)할 수 있을까요? 다양한 방법이 있지만, 침묵 기도(centering prayer)가 큰 도움이 됩니다. 침묵 기도는 우리의 내면으로 들어가는 기도입니다. 내면에 존재하고 있는 우리의 왜곡된 자아를 발견하고, 그 자아를 우리 내면에서 제거하는 작업입니다. 왜곡된 자아는 과거에 대한 아쉬움과 집착, 미래에 대한 허상으로 우리의 현재를 인정하지 못하게 만듭니다. 이런 작업은 결국 현재의 '나'를 인정하지 못하게 만들고, 행복을 경험해야 하는 지금의 나, 즉 현재의 나를 잃어버리게 만듭니다.

우리는 현재를 살아가는 존재입니다. 지금 우리가 살아가고 있는 현재가 바로 하나님의 나라이기 때문입니다. 우리가 살아가는 이 시간과 공간이 바로 하나님의 때, 하나님의 시간, 그리고 하나님의 나라입니다. 하나님이 통치하시는 나라를 살아가는 우리의 내면에서 왜곡된 자아의 문제가 해결되어야 하는 이유는 이것만으로도 충분합니다.

나를 부인하고 날마다 나의 십자가를 지고 예수를 따릅시다. 이는 하나님의 나라를 살아가는 우리가 '마땅히' 해야 할 오늘의 과제입니다.

과제

- 침묵 기도를 통해 나의 왜곡된 자아를 발견하고, 혼란한 내면을 정돈하는 작업을 할 것입니다. 매일 하나님의 음성 듣기 훈련을 시작하기 전에 침묵 기도로 준비하고 시작합시다.

  ① 하나님의 음성 듣기 훈련을 위한 일정한 시간, 집중할 수 있는 장소를 정합니다. (나의 장소 : _____)

  ② 1분, 3분, 5분, 7분, 10분, 15분으로 침묵 기도의 시간을 정하고 알람을 맞춥니다.

  ③ 거룩한 단어 하나를 선택합니다(하나님, 예수님, 십자가, 성령님, 사랑, 평화, 하나님 나라 등).

  ④ 침묵하는 동안 내면에서 여러 가지의 생각들이 떠오를 것입니다. 그때마다 거룩한 단어를 의지적으로 생각함으로써 생각들을 흘려보내십시오.

  ⑤ 온갖 잡생각이 떠오르는 것이 정상입니다. 처음에는 1분도 온전히 침묵하기 어렵다는 것을 경험할 것입니다.

  ⑥ 침묵 기도 후에는 우리의 내면이 하나님의 음성을 가득할 수 있기를 소망하는 기도로 마무리합니다.

기도

주님, 제 내면에 있는 혼란과 왜곡된 자아를 발견했습니다. 충격적인 내면의 모습을 바라보면서 좌절하기보다는 하나님께 소망을 두고, 하나님의 음성을 들을 수 있도록 스스로를 부인하며, 날마다 제 십자가를 지고 주님을 따를 수 있는 용기와 담대함을 허락하여 주옵소서.

나의 언어로 기도해보세요.

_____

_____

_____

_____

_____

예수님의 이름으로 기도드립니다. 아멘.

Embrace

십자가를 품에 안으라

정호승 시인은 《내 인생에 힘이 되어준 한마디》라는 산문집에서 서강대 송봉모 신부님의 "십자가를 등에 지고 가지 말고 품에 안고 가라"라는 말을 인용합니다. 그러면서 우리가 '십자가'라고 할 때 흔히 감당해야 하는 고통을 먼저 떠올리는 것은 아마도 십자가에 못 박혀 죽은 청년 예수의 고통의 이미지가 너무도 강하게 각인되었기 때문일 것이라고 말합니다. 그는 또한 십자가는 사랑이라고 합니다. 고통만 있는 것이 아니라, 동시에 사랑의 의미와 가치가 함께 존재한다는 의미입니다.

우리도 십자가에 대한 인식을 바꿔야 합니다. 우리는 십자가를 버리고 싶지만 버리지 못하고 지고 가지 않으면 안 될 고통의 바위, 징벌의 험산이라고 생각합니다. 그러나 마지못해 십자가를 질질 끌고 가는 수준에서 벗어나야 합니다. 십자가는 어쩔 수 없어서 등에 지고 가거나 땅에 끌고 가는 것이 아니라 다정히 품에 안고(embrace)

가는 것입니다. 내 의지와 상관없이 억지로, 고통스럽게 등에 지고 가기에 십자가가 고통스러운 것입니다.

정호승 시인의 책을 보면서 문득 이런 생각이 들었습니다.

'십자가를 등에 지고 간다는 것은 오히려 내 편안함을 추구하고자 하기 때문은 아닐까?'

무거운 물건을 들 때를 생각해봅시다. 대부분 부피가 크고 무거운 물건은 등에 지는 것이 더 편하고 이동하기가 쉽습니다. 이사할 때 냉장고를 안아서 옮깁니까 아니면 등에 업고 이동합니까? 옷장을 품에 안아서 옮깁니까 아니면 등에 업고 옮깁니까?

우리는 자신에게 주어진 십자가의 크기를 보면서 지레 겁을 먹고는 씨름해보지도 않고 얼른 등에 짊어져 버립니다. 이제는 우리가 그 십자가를 품에 안고 가려고 노력하면 어떨까요? 크리스천에게 이 십자가는 단순히 고통만이 아닌, 사랑의 증거이기 때문입니다.

십자가에 남아있는 것은 예수님의 고통의 흔적만이 아닙니다. 예수님이 고통을 감당하신 이유가 무엇입니까? 우리를 향한 하나님의 사랑입니다. 우리가 십자가를 품에 안는다는 것은, 예수님의 고통을 감당하겠다는 의지보다 앞선 하나님의 사랑에 대한 반응입니다. 고통보다 사랑이 먼저입니다.

하나님이 세상을 이처럼 사랑하사 독생자를 주셨으니 이는 그를 믿는 자마다 멸망하지 않고 영생을 얻게 하려 하심이라 요 3:16

하나님이 창조하신 이 세상을 향한 사랑의 궁극적 표현은 십자가였습니다. 창조주로서 이 세상에 대한 책임을 지는 것이라고 말할 수도 있지만, 단순히 책임이라는 개념으로 예수 그리스도의 십자가 사건을 설명하기에는 턱없이 부족하다는 것을 우리는 잘 알고 있습니다.

십자가는 사랑입니다. 이 사랑을 품에 안고(embrace) 살아가봅시다. 우리의 뛰는 심장으로 그 십자가를 경험하고 느껴봅시다. 뜨거운 우리의 가슴으로 그 십자가를 품어봅시다.

십자가를 품에 안으면 편하지 않을 수 있습니다. 거칠고 딱딱하고 차가운 십자가일 수 있습니다. 그러나 내가 그 십자가를 품에 안는다는 것만으로도 이미 우리는 예수님의 고통에 참여하는 자요, 하나님의 사랑에 속한 자가 되는 것입니다.

하나님의 음성을 듣기 위해서는 그저 십자가를 등에 지고 갈 수만은 없습니다. 지금까지는 그렇게 살아왔다고 해도, 이제는 의지를 가지고 등을 쉽게 내어주지 말아야 합니다. 큰 십자가든, 작은 십자가든 모든 십자가의 무게는 다 똑같습니다. 내가 감당할 수 있는 만큼의 무게로 다가옵니다. 그렇다면 이제 등이 아닌 가슴으로 품고 안아봅시다. 그러면 십자가에 담긴 하나님의 뜨거운 사랑이 이미 내 삶에 존재하고 있음을 경험하게 될 것입니다. 하나님의 음성이 우리에게 들릴 것입니다. 우리의 삶을 휘감는 하나님의 음성이 들릴 것입니다.

우리의 가슴을 십자가에 내어줍시다. 그러면 십자가가 우리를 안아주는 것(embrace)을 경험하게 될 것입니다. 하나님의 사랑이 나를 안아주십니다(embrace). 세상이 외면하는 나, 세상이 무시하는 나. 그러나 하나님의 음성은 나를 안아주십니다.

과제

- 혹시 나에게 주어진 십자가를 그저 등에만 지고 있지는 않습니까? 고통의 크기가 너무 커보여서 피하고 있는 십자가, 외면하고 있는 십자가는 없는지 생각해봅시다. 그리고 내가 품에 안을 수 있는 십자가인지 한 번 생각해봅시다. 내가 감당할 수 있는 십자가, 내가 품에 안을 수 있는 십자가는 하나님의 사랑의 통로라는 사실을 기억하고, 감당할 수 있는 용기를 하나님께 구해봅시다.

_____

_____

_____

_____

_____

_____

_____

기도

주님, 저는 주님이 지신 그 십자가를 외면했습니다. 그 십자가의 크기에 지레 겁을 먹고는 그저 등에 지려고만 했습니다. 그러면서 십자가를 지고 있노라며 만족하고자 했음을 이 시간 고백합니다. 이제 사랑의 십자가를 품에 안으려 합니다. 저에게 그 십자가를 품에 안을 수 있는 용기와 담대함을 허락하여 주옵소서.

나의 언어로 기도해보세요.

예수님의 이름으로 기도드립니다. 아멘.

Focus
하나님의 시선에 집중하라

크리스천들이 사용하는 표현 중에 "하나님이 오늘 이 예배에 집중하십니다. 우리에게 집중하십니다"라는 말이 있습니다. 말 그대로 하나님이 우리의 예배를 주목하시고, 우리를 주목하신다는 의미입니다. 그러나 개정개역 성경에는 '집중'이라는 단어가 없습니다. 영어 성경(NIV)에도 'focus'라는 말이 사용되지 않습니다. '주목'이라는 단어가 나오기는 하지만 우리가 생각하는 의미와는 조금 다릅니다. 그런데도 이 표현이 우리에게 익숙한 이유는 바로 사도행전 3장 4절 때문일 겁니다.

베드로가 요한과 더불어 주목하여 이르되 우리를 보라 하니 행 3:4
Peter looked straight at him, as did John. Then Peter said, "Look at us!"

베드로와 요한이 성전에 기도하러 올라가는 길에 태어나면서부터 걷지 못한 앉은뱅이를 만납니다. 사람들에게 구걸해서 끼니를 해결하며 간신히 하루하루를 살아가던 그는 베드로와 요한이 미문으로 들어오는 것을 보고 그들에게 돈을 달라며 구걸합니다. 그때 베드로가 그 사람에게 '주목/집중'하면서 "우리를 보라"라고 말합니다. 그 앉은뱅이는 돈이라도 얻을 수 있을까 싶어 베드로와 요한을 바라보는데, 그때 베드로가 하는 말이 바로 "은과 금은 내게 없거니와 내게 있는 이것을 네게 주노니 나사렛 예수 그리스도의 이름으로 일어나 걸으라"(행 3:6)라는 것이었습니다.

베드로가 그 사람을 주목하여 본 까닭이 무엇일까요? 매일 성전을 오가며 보았던 그 사람에게 베드로와 요한이 오늘 집중한 이유는 무엇일까요? 하나님이 오늘 그 성전 미문에 앉아 구걸하는 그 사람에게 집중(focus)하셨기 때문입니다.

베드로가 선포한 사도행전 3장 6절의 말씀이 베드로의 지식과 경험으로부터 나왔을까요? 아닙니다. 하나님이 베드로를 통해 그 앉은뱅이에게 주목하셨고, 그에게 찬송 받고자 하신 겁니다. 하나님의 살아 계심을 모든 사람에게 보여주시려고 베드로와 요한, 그리고 그 앉은뱅이를 사용하신 것입니다.

중요한 것은 베드로와 요한이 매일 걸어가던 그 길, 즉 익숙한 삶의 환경에서 하나님이 오늘 집중하신 사람, 주목하여 보신 대상에게 그들도 집중하고 주목하여 보았다는 사실입니다. 여기서 우리는 베드로와 요한의 내면 상태, 영적인 수준이 어떠한지를 짐작해볼 수 있습니다.

지금의 베드로는 주님을 부인하며 죽음의 위협 앞에서 벌벌 떨던 겁쟁이가 아닙니다. 그에게 부활의 주님이 나타나셔서 "네가 나를 사랑하느냐"(요 21:15-17)라고 물으셨을 때, 그에게 있던 과거의 좌절과 절망, 실패의 기억이 모두 해결되었습니다. 그리고 주님의 음성이 더 명확히 그의 내면에 들리게 되었습니다. "내 어린 양을 먹이라"(Feed my lamb)라는 주님의 요청은 "내 양에게 집중하라"(Focus my lamb)라는 요청이었습니다.

그날 베드로와 요한의 눈에 잃어버린 한 마리의 양이 들어왔고, 하나님이 그 잃어버린 양을 주목하고 계신다는 사실을 베드로와 요한도 깨닫게 된 것입니다. 베드로와 요한이 그 앉은뱅이에게 집중할 때, 하나님은 그 앉은뱅이에게만 집중하신 것이 아니라 베드로와 요한에게도 집중하고 계셨다는 사실을 우리가 기억해야 합니다.

〈하나님 아버지의 마음〉이라는 찬양의 가사처럼 하나님의 마음이 있는 곳에 나의 마음이 함께 있으며, 하나님이 바라보시며 눈물 흘리고 계신 곳을 우리가 함께 바라보고 눈물 흘릴 수 있기를 소망합니다. 그것이 하나님의 마음을 아는 것이라면, 그것이 하나님의 음성에 우리가 반응하고 있는 증거라면, 우리는 그래야만 합니다.

나의 온몸이 아버지의 마음 알아

나의 모든 삶 당신의 삶 되기를.

하나님이 집중하고 계시는 곳, 하나님의 시선이 머무는 곳, 그곳을 우리가 바라보며 집중할 때, 하나님은 우리에게도 동일하게 주목하시며 당신의 음성을 허락하실 것입니다. 지금 하나님의 시선이 머물고 있는 곳은 어디입니까?

• 하나님이 오늘 나에게 집중을 요청하시는 대상은 누구인지, 혹은 무엇인지를 생각해봅시다. 주님은 우리를 주목하십니다. 그러므로 우리도 하나님이 주목하고 계신 곳이 어디인지 헤아려야 합니다. 하나님의 마음과 시선은 지금 어디에 머물고 있을까요? 그분이 나를 통해 하고자 하시는 일은 무엇인지 묵상해봅시다. 그 일을 기대해봅시다.

기도

주님, 오늘 주님이 주목하고 계신 곳을 보여주십시오. 주님의 눈물이 흐르고 있는 곳이 어디인지를 깨닫게 하옵소서. 주님이 오늘 찾고 계신 잃어버린 양 한 마리, 주님이 그토록 애타게 기다리시는 한 사람에게 저도 집중하기 원합니다.

나의 언어로 기도해보세요.

예수님의 이름으로 기도드립니다. 아멘.

Grow
행함으로 성장하라

크리스티안 A. 슈바르츠(Christian A. Schwarz)의 《자연적 교회 성장》(Natural Church Development)이란 책에 보면 "교회 성장 이론이 때로는 너무 열매에 관심을 집중한 나머지 그 열매를 맺게 하는 뿌리는 전혀 고려하지 않는 잘못을 범한다"라는 언급이 나옵니다. 그러면서 '자연적'이란 자연으로부터 배우는 것을 의미하는데, 이것은 하나님의 창조로부터 배운다는 의미라고 설명합니다.

교회 성장에 대한 이론이지만, 여기에도 우리가 주목해서 봐야 할 부분이 있습니다. 바로 하나님의 창조, 곧 "창조주이신 하나님으로부터 우리가 배우고 성장할 수 있다"라는 것입니다. 그 이유는, 하나님이 우리를 창조하실 때 우리 각자에게 '생명체적 잠재력'이란 것을 주셨기 때문이라고 슈바르츠는 주장합니다. 그러면서 이 생명체적 잠재력은 "유기적 조직체가 번식하거나 생존하기 위해 본래 갖고 있는 내재적 능력"이라고 설명합니다.

이 개념을 우리의 영적인 상태에 적용해보면, 하나님은 우리 모두에게 하나님나라를 추구하며 성장해나갈 수 있는 잠재력을 허락하셨다고 볼 수 있습니다. 바울이 고린도전서 3장 7절에서 고백하는 것과 같이 하나님은 우리의 영성, 우리의 삶의 크기, 우리의 신앙, 하나님나라에 대한 우리의 소망을 자라게 하십니다.

> 그런즉 심는 이나 물 주는 이는 아무것도 아니로되 오직 자라게 하시는 이는 하나님뿐이니라 고전 3:7

하나님이 우리에게 심어놓으신 그 성장의 잠재력은, 우리가 창조주 하나님으로부터 배울 때 열매를 맺게 됩니다. 그렇다면 우리는 창조주 하나님으로부터 무엇을 배워야 할까요?

하나님이 이 땅을 창조하신 방법을 생각해봅시다. 첫째 날에는 빛, 둘째 날에는 물과 물 사이의 궁창, 셋째 날에는 땅과 바다와 땅의 식물들, 넷째 날에는 하늘의 해와 달과 별, 다섯째 날에는 하늘의 새와 바다의 물고기를 만드셨습니다. 그리고 여섯째 날에 땅의 짐승을 만들고 사람을 창조하셨습니다.

그런데 이 여섯째 날의 창조 과정에서 중요한 변화가 발생합니다. 창조의 첫날부터 여섯째 날의 땅의 짐승을 만들 때까지 하나님은 모두 '말씀'으로 창조하셨습니다. 그런데 사람을 창조하실 때는 하나님이 말씀이 아니라 '노동'으로 창조하셨습니다.

여호와 하나님이 땅의 흙으로 사람을 지으시고 생기를 그 코에 불어 넣으시니 사람이 생령이 되니라 창 2:7

노동이란 수고하는 것, 땀을 흘린다는 것입니다. 하나님은 사람을 창조하실 때 당신의 손으로 땀을 흘리셨고 수고하셨습니다.

"땅의 흙으로 사람이 있으라 하시니 사람이 되었더라!"

이렇게 말씀으로 창조하신 것이 아닙니다. 하나님이 우리 각자를 빚으시고 그 코에 생기를 불어넣으신 것입니다. 하나님은 하지 않아도 되는 노동을 일부러 하셨습니다. 사람을 만들 때 의도적으로 노동하셨습니다. 이 안에 우리가 성장을 위해 배워야 하는 것이 담겨 있습니다. 바로 노동입니다. 성장을 위해서는 땀을 흘려야 합니다. 내 손과 발을 움직이는 노동을 통해서 내 안에 잠재된 생명력을 끌어올려야 합니다. 이것이 바로 우리가 추구해야 하는 성장입니다.

하나님의 나라는 바로 이런 자들을 통해서 세워집니다. 하나님의 나라는 관념으로 세워지는 것도 아니요, 지식으로 세워지는 것도 아니요, 힘과 돈으로 세워지는 것도 아닙니다. 하나님 사랑, 이웃 사랑의 노동으로 세워집니다. 우리의 영적인 성장도 마찬가지입니다.

크리스천에게는 아는 것만이 힘이 아닙니다. 아는 것을 노동으로, 삶으로 실천할 때 힘이 생깁니다. 그것이 진정한 성장이자, 하나님의 나라를 살아가는 방법입니다. 그리고 바로 그때 우리는 비로소 하나님의 음성을 들을 수 있습니다. 하나님의 음성은 말씀과 기도로만 듣는 것이 아닙니다. 삶으로도, 사람을 통해서도 들을 수 있습니다. '노동'을 통해서도 들을 수 있습니다.

"노동이 기도요, 기도가 노동이다"라는 성 베네딕트의 가르침을 기억한다면, 우리가 세상이 원하는 천박한 물질 중심의 성장이 아니라 하나님의 음성에 따른 겸손과 겸비함으로 절제된 진정한 하나님 나라의 가치를 추구할 수 있지 않을까요?

지금은 우리를 유혹하는 세상의 성공 양식이 아닌, 내면 깊은 곳에 울리는 하나님의 음성에 귀를 기울여야 할 때입니다. 그것이 우리가 이 땅에서 하나님의 나라를 추구하는 방법입니다.

[과제]

• 예수님이 가르치신 하나님나라의 가치관은 하나님 사랑, 이웃 사랑입니다. 하나님의 음성은 이 가치관을 따라 살아가는 이들에게 분명하게 들립니다. 하나님을 사랑하는 만큼 이웃을 사랑하라는 주님의 말씀이 부담으로 다가옵니까? 그렇다면 하나님을 사랑하는 데 문제가 있거나 이웃을 사랑하는 데 문제가 있는 것입니다. 하나님 사랑, 이웃 사랑에 걸림돌이 되는 것이 무엇인지 묵상해봅시다.

_____

_____

_____

[기도]

주님, 하나님의 나라 안에서, 하나님의 나라를 세워나가기 위해 성장하기 원합니다. 세상의 방법과 가치관으로 성장하는 것이 아니라 하나님이 들려주시는 음성에 따라 성장하기 원합니다. 제 영적인 성장을 위해, 삶의 성장을 위해 땀을 흘리며 수고하는 노동을 감당하게 하옵소서. 하나님의 음성을 듣기 위해 땀을 흘리는 수고를 마다하지 않게 하옵소서.

나의 언어로 기도해보세요. _____

_____

_____

_____

예수님의 이름으로 기도드립니다. 아멘.

Hear
하나님의 음성을 들으라

흔히 한국 영어 교육의 문제점으로, 문법을 지나치게 강조하다 보니 말하기가 되지 않는다고 지적합니다. 학교에서 지문 위주의 문제 풀이 영어 교육에 집중하기에 실제 생활에서 영어 말하기가 되지 않는다는 것입니다. 일리가 없는 것은 아닙니다. 그러나 한 가지 생각해야 할 부분이 있습니다. 한국의 영어 교육이 문법 위주라고 지적하면서 문법은 시험용, 입시용이라는 인식이 팽배해졌습니다. 그러나 영어를 정말 잘하려면 문법이 아주 중요합니다. 문법을 잘 알고 있으면, 말하는 품격이 달라집니다. 단어와 구조, 법칙을 알고 있어서 말하기는 물론 글쓰기의 수준 자체가 높아지기 때문입니다. 그렇다면 한국 영어 교육의 궁극적인 문제는 무엇일까요?

사실 모든 언어 교육은 '듣기'에서부터 시작됩니다. 한국 영어 교육 현장에서 우리는 얼마나 듣는 것에 시간을 투자할까요? 듣는 것만큼 알게 되고, 아는 것만큼 말할 수 있습니다. 그래서 집중적으로 영어를 가르치는 곳에서는 듣기를 상당히 강조하는 것을 볼 수 있습니다. 심지어 말하기 수준을 올리기 위한 훈련 방법 중에는 들으면서 그대로 따라 말하는 훈련도 있습니다.

곰곰이 이 문제를 생각하면서, 단순히 교육적인 부분에서뿐만 아니라 우리가 얼마나 남의 말을 잘 듣고 있는지 고민해볼 필요가 있다는 생각이 들었습니다. 우리는 얼마나 상대방의 말을 잘 듣고 그 의도를 파악하며, 남의 말에 공감하고, 나의 의견을 얼마나 잘 피력하는지를 돌아보자는 것입니다.

신앙생활에서도 마찬가지라고 생각합니다. 크리스천들이 드리는 기도의 가장 큰 문제는 기도가 대화라고 말하지만 일방적으로 우리가 말하고 하나님은 듣기만 해야 하는 존재로 전락시켜버렸다는 것입니다. 내 할 말만 하고, 하나님이 말씀하고자 하실 때면 그냥 일어서 버립니다. 그러고는 하나님이 내 기도에 응답하지 않으신다고 말합니다. 이것이 우리의 기도 수준입니다.

사전에서는 '대화'를 '마주 대하여 주고받는'(give and take) 것으로 정의합니다. 그런데 계속 내 것만 주고 그분의 것은 받으려 하지 않습니다. 그러면 절대 관계가 형성되지 못합니다. 만약 누가 우리에게 자기 할 말만 다 하고 내가 말하려고 할 때 일어나 가버린다면, 계속 그 사람과 관계를 맺고 싶을까요?

절대 그렇지 않습니다. 그 관계를 정리하고 싶어질 겁니다. 대화와 소통이 되지 않는다는 것은 관계를 맺지 않겠다는 의미나 다름이 없습니다. 그리고 여기에는 아주 중요한 숨은 의지가 있는데, 곧 그 사람(혹은, 그 사람의 말)을 기억하지 않겠다는 것입니다. 하나님은 이스라엘 백성에게 아주 중요한 쉐마 명령을 주셨습니다.

이스라엘아 들으라(Hear) 우리 하나님 여호와는 오직 유일한 여호와이시니 너는 마음을 다하고 뜻을 다하고 힘을 다하여 네 하나님 여호와를 사랑하라 신 6:4,5

Hear, O Israel: The LORD our God, the LORD is one. Love the LORD your God with all your heart and with all your soul and with all your strength.

이스라엘 민족을 향한 하나님의 쉐마(Hear, 들으라) 명령은 모든 율법의 기본입니다. 유일하신 하나님을 사랑하라는 주님의 이 명령은 이스라엘을 향한 하나님의 간절한 요청이기도 합니다. 이스라엘 민족을 택하신 하나님은 그들의 역사 가운데 늘 동행하시면서 그들의 찬양을 받기 원하셨습니다. 직접 그 민족의 왕이 되어 주셨고, 그들을 젖과 꿀이 흐르는 땅에 거하게 하시면서, 그들의 인생 가운데 야훼 하나님, 당신만이 주인이 되기 원하셨습니다.

그런데 이들은 그 한 분 하나님을 버렸습니다. 눈에 보이는 바알과 아세라, 그리고 그들의 오감을 자극하는, 눈에만 매력적인 이방 신들에게 주목했습니다. 쉐마, 곧 '들으라'라는 주님의 명령은 결국

"나, 야훼 하나님, 너희의 하나님을 기억하라"라는 하나님의 간절한 요청입니다. 하나님은 언제나 우리에게 기억되기를 원하셨습니다. 그래서 쉐마 명령이 나오는 신명기 6장 5절 이하에 구체적인 방법을 제시하십니다.

> 오늘 내가 네게 명하는 이 말씀을 너는 마음에 새기고 네 자녀에게 부지런히 가르치며 집에 앉았을 때에든지 길을 갈 때에든지 누워 있을 때에든지 일어날 때에든지 이 말씀을 강론할 것이며 너는 또 그것을 네 손목에 매어 기호를 삼으며 네 미간에 붙여 표로 삼고 또 네 집 문설주와 바깥 문에 기록할지니라 신 6:6-9

이 구절에 나오는 동사들을 살펴봅시다. 말씀을 마음에 새기고(Keep the Word in your heart), 가르치며 강론하고(Recite and talk), 손목에 매고(Bind), 미간에 붙이고(Fix), 기록하라(Write)! 왜 마음에 말씀을 새겨야 합니까? 기억하기 위함입니다. 왜 말씀을 가르치고 강론하며, 목에 매고, 미간에 붙이고, 문설주에 기록합니까? 기억하기 위함입니다. 우리에게 기억되지 않는 것은 우리에게서 그 존재가 사라진다는 것을 의미합니다.

하나님도 마찬가지입니다. 하나님은 그분 자체로 의미이자, 그 누구도 감히 부정할 수 없는 절대 가치이십니다. 그러나 그런 분도 당신의 피조물들에게 기억되기 원하십니다. 그 이유가 무엇입니까?

바로 우리에게 기억되지 않으면 그분도 존재의 이유가 사라지기 때문입니다. 불경스러운 표현이지만, 사실입니다. 하나님이 당신의 형상을 우리에게 심어놓으신 이유가 무엇이겠습니까? 우리로 하여금 하나님이 기억되기 원하신 것입니다. 하나님은 우리가 서로를 바라볼 때마다 서로에게 담겨 있는 하나님의 형상을 발견하면서, 서로에게 숨겨진 그 하나님을 보고 기억하기 원하신 것입니다. 우리가 하나님을 기억할 때, 우리 안에 놀라운 일이 펼쳐집니다.

하나님이 "들으라" 하실 때 "네, 주님. 제가 여기 있습니다. 말씀하옵소서"라고 반응한다면, 어린 사무엘이 하나님의 전에서 잠을 청하다 부르시는 그 음성에 반응했던 것처럼 우리가 주님의 부르심에 매일 민감히 반응한다면, 하나님은 우리를 통해서 당신이 꿈꾸고 계획하셨던 놀라운 일들을 이루어가실 것입니다.

하나님은 누구나 사용하시지만, 아무나 사용하지는 않으신다는 말이 있습니다. 이 말을 적용해보면, 하나님은 누구나 부르시지만, 아무나 그 부르심에 반응하는 것은 아닙니다. 하나님의 부르심은 전적으로 모든 사람에게 열려 있습니다. 그러나 그 부르심에 대해서는 내가 반응해야 합니다. 그 반응에는 내 전적인 의지가 필요합니다. 내가 하나님의 부르심, 그분의 말씀을 마음에 새기고, 가르치고, 강론하며, 손목에 매고, 미간에 붙이고, 문설주에 기록해서 내 것으로 만들어야 합니다. 그렇게 기억해야 내 것이 됩니다. 그런 노력 없이는 그저 시간이 지나면 잊히는 말에 지나지 않을 것입니다.

하나님은 우리에게도 동일하게 "쉐마, 들으라(Hear)"라고 요청하십니다. 이제는 우리가 반응해야 합니다. 나에게 주시는 그 음성, 그것이 곧 나의 비전이자 예언입니다. 하나님은 절대 우리의 삶을 그분 혼자 이끌어가지 않으십니다. 우리와 함께 비전을 만드시고, 우리를 향한 당신의 예언을 성취해 나가십니다.

하나님의 말씀을 들읍시다. 그분의 음성을 들읍시다. 그리고 그 음성을 기억합시다.

- 오늘 나에게 말씀하시는 하나님의 음성을 듣기 위해서 하루 종일 그 말씀, 그 음성을 기억할 수 있도록 실천해 봅시다.
  - "말씀을 마음에 새기고, 가르치며 강론하고, 손목에 매고, 미간에 붙이고, 기록하라!" 이 말씀을 따라 큐티, 기도, 묵상, 조언 등 나에게 말씀하시는 하나님의 음성(단어, 문장, 글, 이미지, 소리 등)을 핸드폰, 노트, 포스트잇 등에 적어 온종일 가지고 다니면서 수시로 기억합시다. 적어도 1시간마다 묵상하고 반복적으로 그 말씀, 음성을 기억하도록 노력합시다.
  - 잠자리에 들기 전에 기도문을 작성해서 오늘 나에게 주신 그 말씀과 음성이 나의 기도가 되게 합시다.

기도

주님, 제게 하나님의 음성을 허락해주옵소서. 제가 듣겠습니다. 제가 기억하겠습니다. 하나님의 음성이 매일의 삶에서 드러나고 기억될 수 있도록 제 마음과 귀에 들리게 하옵소서. 그리하여 여전히 제가 하나님과 관계있는 자임을 깨닫게 하옵소서.

나의 언어로 기도해보세요. ....

....

....

....

예수님의 이름으로 기도드립니다. 아멘.

Impact

은혜는 언제나 충격적이다

충격을 받는다고 하면 흔히 신체적, 정신적으로 받는 충격으로 이해합니다. 그리고 대부분의 충격은 '손상'(damage)을 가져옵니다. 그래서 충격을 받는다는 의미가 우리의 삶에서 그리 반가운 단어는 아닙니다. 그러나 이 충격이 우리 삶의 방향성을 바꾸게 될 경우, 전혀 다른 이야기가 됩니다.

우리가 너무도 잘 아는 바울, 그는 원래 예수 믿는 자들을 박해하고 죽이는 것에 아무 거리낌이 없던 사람입니다. 그의 폭력과 살인에는 '율법'을 근거로 한 정당성이 있었기 때문입니다. 그러나 그는 인생의 방향이 바뀌는 충격적인 경험을 합니다.

사울이 주의 제자들에 대하여 여전히 위협과 살기가 등등하여 대제사장에게 가서 다메섹 여러 회당에 가져갈 공문을 청하니 이는 만일 그 도를 따르는 사람을 만나면 남녀를 막론하고 결박하여 예루살렘으로 잡아오려 함이라 사울이 길을 가다가 다메섹에 가까이 이르더니 홀연히 하늘로부터 빛이 그를 둘러 비추는지라 땅에 엎드러져 들으매 소리가 있어 이르시되 사울아 사울아 네가 어찌하여 나를 박해하느냐 하시거늘 대답하되 주여 누구시니이까 이르시되 나는 네가 박해하는 예수라 행 9:1-5

어김없이 위협과 살기가 가득한 채로 예수 믿는 제자들을 잡으러 다메섹으로 가던 길이었습니다. 그때 하늘에서 빛이 사울을 비추며 음성이 들립니다. 주님이셨습니다. 그의 폭력과 살인의 이유였던 예수의 음성이 그에게 들렸습니다. 갑자기 사울의 눈앞이 캄캄해졌습니다. 정말 예수가 살아 있었던 것입니다. 십자가에서 죽은 예수가 부활했다는 것이 사실이었습니다. 사울에게는 엄청난 충격이었습니다. 이 말씀을 묵상하며 이런 생각이 들었습니다.

'예수 믿는 자들을 죽이던 사울이었지만, 그의 내면에 혹시 정말 예수가 부활한 것이 사실이지 않을까 하는 의심이 있지는 않았을까? 스데반이 자신 앞에서 죽으면서 했던 말, '주 예수여 내 영혼을 받으시옵소서. 주여 이 죄를 그들에게 돌리지 마옵소서'라는 말이 그의 귀에 계속 맴돌고 있었던 것은 아닐까?'

정말 그랬다면, 유대교 전통에 맹목적으로 충성하던 사울의 내면에 의심이 생기기 시작했을 것입니다.

'내가 틀리고, 그들이 맞는다면…, 정말 예수가 살아 있다면….'

이런 거룩한 의심이 사울의 마음 한구석에 자라고 있었는지도 모르겠습니다. 훗날 바울의 고백을 들어봅시다.

> 나는 사도 중에 가장 작은 자라 나는 하나님의 교회를 박해하였으므로 사도라 칭함 받기를 감당하지 못할 자니라 그러나 내가 나 된 것은 하나님의 은혜로 된 것이니 내게 주신 그의 은혜가 헛되지 아니하여 내가 모든 사도보다 더 많이 수고하였으나 내가 한 것이 아니요 오직 나와 함께하신 하나님의 은혜로라 그러므로 나나 그들이나 이같이 전파하매 너희도 이같이 믿었느니라 고전 15:9-11

바울은 부활하신 주님이 다른 제자들과 사도들에게 나타나신 후에 맨 마지막으로 만삭되지 못하여 난 자와 같은 자신에게도 보이셨다고 언급하면서, '내가 나 된 것은 하나님의 은혜'라고 고백합니다. 바울에게 있어서 부활하신 예수 그리스도와의 만남은 은혜였습니다. 은혜는 언제나 충격적입니다.

유기성 목사님은 《예수님의 사람》에서 은혜를 '자격 없는 자에게 주어지는 하나님의 사랑'이라고 설명합니다. 너무도 분명한 정의 아닙니까? 그런데 저는 여기에 중요한 부사 하나가 더 필요하다고 생각합니다.

'자격 없는 자에게 [이미, 먼저] 주어진 하나님의 사랑.'

자격 없던 자에게 자격이 생겼기에 주어지는 하나님의 사랑이 아닙니다. 만약 그렇다면 하나님의 사랑은 보상입니다. 자격 없는 자에게, 자격이 없을 때 '이미' 주어진 하나님의 사랑, 자격이 없음에도 '먼저' 주어진 하나님의 사랑이 은혜입니다. 그래서 이 은혜가 충격인 것입니다.

이 은혜를 경험한 사람은 모두 충격을 받습니다. 주님을 만났을 때, 사울의 내면 깊숙이 자리 잡고 있던 거룩한 의심이 그의 내면 전체를 풍성하게 채우는 하나님의 은혜를 경험하게 했습니다. 그래서 은혜는 언제나 충격입니다. 사울의 인생 방향이 바뀌는 순간에 일어난 엄청난 충격, 그것이 바로 주님을 만난 이 은혜였습니다. 이후 그가 아라비아에서 시간을 보낼 때(갈 1:17), 이 은혜는 그의 사명이 되었고, 그 시간이 지나자 도리어 세상에 복음으로 충격을 주는 사람이 되었습니다.

아라비아에서 홀로 시간을 보낼 때 바울은 무엇을 했을까요? 그는 유대교의 율법과 전통에 능하던 자가 아닙니까? 상상해보면, 아라비아에서의 시간 동안 그렇게 정통하다고 여겼던 그 말씀(율법)을 다시 보지 않았을까요? 그가 지금까지 습관적으로 하던 기도와 전혀 다른 내용의 기도를 하지 않았을까요?

유대교의 전통에 얽매여 율법 안에서 말씀하시는 하나님을 보지 못했던 바울의 눈에 하나님은 새로운 관점을 허락하셨을 것입니다. 늘 보던 익숙한 말씀, 그의 삶을 얽매이게 만드는 율법, 그 안에 담겨 있었던 하나님의 사랑을 발견한 바울의 내면에는 분명 또 다른 충격이 있었을 것입니다.

우리는 일상에서 이런 선한 충격, 우리의 잠자던 영혼을 깨우고 굳어 있던 내면을 무너뜨리는 충격을 경험할 수 있습니다. 하나님의 말씀이 우리의 내면에 들리면, 그분의 음성이 우리의 내면에 들리게 되면, 우리의 일상 가운데서 잔잔하지만 지속해서 전해지는 충격을 경험할 수 있습니다. 하나님의 음성은 날마다 새롭고, 날마다 우리의 영혼의 메마름을 해갈해줍니다.

이런 경험이 바로 우리가 추구하는 날마다의 영성이 아닙니까! 우리는 이 충격을 경험하며, 또한 이 충격을 세상에 전달하는 자들이 되어야 합니다. 바울과 같이, 그를 변화시킨 '하나님의 은혜'라는 충격을 세상에 지속적으로 공급하는 것입니다. 그런 사람들에게 세상은 이렇게 말할 것입니다.

"이런 사람은 세상이 감당하지 못하느니라"(히 11:38a).

• 하나님을 믿으면서 가장 충격적인 순간과 최근에 경험한 충격은 무엇입니까? 나는 지금 또 다른 선한 충격을 경험하고 있습니까? 또 세상에 그런 충격을 전하고 있습니까? 질문들을 묵상하면서 나에게 말씀하시는 하나님의 음성을 적어봅시다.

기도

주님, 하나님이 저를 찾아오셨음이 가장 큰 충격입니다. 창조주 하나님이 어떻게 저를 찾아오셨을까요? 그러나 진짜 주님이셨습니다. 진짜 하나님이 저에게 찾아오셨습니다. 제 삶의 주인이 되어주신 하나님, 제 인생의 가치관을 바꿔주신 하나님, 제가 살아야 하는 이유를 철저히 바꿔주신 주님, 그 주님을 세상에 전하고 싶습니다.

나의 언어로 기도해보세요. _____

예수님의 이름으로 기도드립니다. 아멘.

Join
주 안에서 서로 연결되라

우리는 성도의 몸을 소위 '주님의 몸 된 성전'이라고 표현합니다. 바울도 우리가 하나님의 성전이며, 하나님의 성령이 우리 안에 계시다는 것을 말합니다.

> 너희는 너희가 하나님의 성전인 것과 하나님의 성령이 너희 안에 계시는 것을 알지 못하느냐 고전 3:16

또한 에베소서 2장에서는 우리가 주의 성전인 것과 그 성전이 하나님이 거하실 처소가 되기 위해서 예수와 함께 지어져 간다고 말합니다.

> 그(예수)의 안에서 건물마다 서로 연결하여 주 안에서 성전이 되어 가고 너희도 성령 안에서 하나님이 거하실 처소가 되기 위하여 그리스도

예수 안에서 함께 지어져 가느니라 엡 2:21,22

얼마나 중요한 사실입니까? 하나님은 우리를 창조하실 때부터 당신께서 거하실 공간으로 우리를 만드셨습니다. 우리의 몸은 하나님의 영, 곧 성령이 함께하심으로 내면의 공간이 채워져 있습니다. 우리의 코에 생기(루아흐)를 불어넣으실 때부터 우리는 하나님의 성전이었습니다.

때문에 '나'라는 존재 한 사람의 가치는 거룩한 하나님의 전으로서 가지는 가치와 다름없습니다. 성전은 거룩한 공간입니다. 그곳으로 들어가기 위해서는 우리가 정화되어야 합니다. 더러운 모습으로는 절대 출입이 불가합니다. 심지어 예(禮)를 갖춰야 합니다. 불교나 이슬람의 사원, 가톨릭 성당에 들어가본 적이 있습니까? 민소매 옷이나 반바지를 입는다거나 슬리퍼를 신고는 절대 그 안으로 들어갈 수 없습니다. 예의가 아니기 때문입니다. 하물며 우리가 주의 몸된 성전이라고 할 때, 과연 우리는 우리 스스로에게 예의를 갖추고 있습니까? 여전히 더러운 얼룩으로 주의 성전을 더럽히고 있지는 않습니까?

우리는 하나님의 전으로서 거룩한 정화가 필요합니다. 생각의 정화, 말의 정화, 행동의 정화, 마음의 정화, 심지어 우리 몸과 외모의 정화도 필요합니다. 우리 스스로를 정돈하는 것조차도 하나님의 성전으로서 아주 중요한 부분임을 잊지 말아야 합니다.

그렇다면 어떻게 정화할 수 있을까요? 어떻게 하나님의 성전으로서 우리가 예수님과 함께 지어져 갈 수 있을까요? 바로 함께 연결되는 것(to join together)을 통해 가능합니다. 우리 각 지체가 하나님의 성전이라는 것을 믿는다면, 우리는 서로서로 연결되어 더 큰 하나님의 성전으로서 공동체를 형성할 수 있습니다. 단순히 클럽이나 사교 모임이 아니라, 하나님의 성전으로서 모이는 것입니다.

내 안에 있는 하나님의 성전, 그리고 다른 모습으로 존재하는 하나님의 성전이 서로 모이는 것입니다. 다른 이들이 하나님의 성전이라는 사실을 인정한다면, 우리는 절대 사소하게 대할 수 없으며 함부로 판단할 수 없을 것입니다. 내 생각이 옳다고 주장할 수 없을 것이며, 함부로 상대방을 깎아내릴 수 없을 것입니다.

그렇다면 우리는 왜 서로 연결되지 못하고 있는 걸까요? 내 생각이 옳고, 나에게 있는 하나님의 성전 모습이 전부라고 편협하게 생각하기 때문입니다. 우리가 서로 살아온 환경과 상황은 다릅니다. 그런데도 나만 옳다고 생각한다면 우리는 서로 연결되지 못합니다.

우리는 다름을 이해할 수 있고, 다양성을 존중할 수 있는 자세가 요구되는 시대를 살아가고 있습니다. 하나님의 말씀이라는 절대적인 기준은 존재하지만, 우리 각자가 살아가고 있는 상대적 가치관을 무시하면 절대 하나님의 성전으로서 연결될 수 없습니다. 그러나 크리스천에게는 서로 맞지 않아도 그 다양성 속에서 서로를 연결해주는 연결 장치가 있습니다. 바로 예수 그리스도이십니다!

아무리 우리의 생각과 지식이 다르다 해도, 상황과 형편이 다르다 해도 예수 그리스도 앞에서는 서로의 '다름'이라는 모난 부분이 깎여서 연결될 수 있습니다. 이 때문에 에베소서 2장 22절은 '예수 안에서 함께 지어져 간다'라고 표현한 것입니다. '나'라는 하나님의 성전과 '너'라는 하나님의 성전이 만나서 '우리'라는 하나님의 성전으로 연결된다면 우리는 그 어느 성전보다 더 거룩하며 하나님이 원하시는 기쁨의 공간이 될 수 있습니다.

여기에 중요한 사실이 한 가지 더 있습니다. 바로 우리 각 지체의 성전이 하나님과 연결되어 있어야 한다는 사실입니다. 아무리 많은 성전이 서로 연결된다 할지라도 각 개인이 하나님과 연결되지 못하면 그 네트워킹(networking)은 온전하게 소통될 수 없습니다. 어느한 사람이 하나님과의 연결이 약해도 다른 이들을 통해서 그 약한 부분을 보완할 수 있으며, 서로에게 선한 영향력을 주어 강해질 수 있습니다. 그러므로 우리는 신호가 약해도 하나님과 연결되어 있어야 합니다. 그래야 서로를 도와줄 수 있습니다.

컴퓨터에서 인터넷을 사용하기 위해서는 랜선(혹은 무선인터넷)이 연결되어 있어야 합니다. 혹 연결 장애를 겪는다 해도 랜선이 연결되어 있어야 복구가 되었을 때 인터넷이 바로 연결될 수 있습니다. 랜선이 연결되어 있지 않으면 인터넷을 사용할 수 없습니다. 그러므로 나와 하나님과의 관계가 지금 소원해졌다 해도, 그분과의 연결을 포기해서는 안 됩니다. 끝까지 붙잡고 있어야 합니다.

예배를 통해서든 기도를 통해서든 말씀 묵상을 통해서든 우리는 그분과의 연결을 포기해서는 안 됩니다. 그러면 어느 순간 회복이 됩니다. 회복의 신호가 올 때, 하나님과 연결되어 있다면 우리는 그분과의 관계의 온전한 회복을 경험할 수 있습니다. 그러나 그때 하나님과 연결되어 있지 않다면, 우리가 그분과의 관계를 포기하고 있다면, 우리의 회복은 절대 쉽지 않을 것입니다. 회복된 하나님과의 친밀한 관계 속에서 우리가 그분의 음성을 들을 수 있습니다.

하나님과의 연결, 그리고 함께 공동체를 이루어가는 지체들과의 연결에 이상은 없습니까? 하나님의 음성은 이 통로를 통해서도 우리에게 주어질 수 있음을 기억하십시오.

- 우리 교회 각 지체는 지금 하나님과의 연결에 이상이 없습니까? 하나님과의 관계를 점검해봅시다. 혹 그 연결에 이상이 있다면 어디에서 연결 오류가 생겼는지를 곰곰이 생각해봅시다. 연결 장애의 원인을 밝혀야 우리와 하나님과의 관계가 다시 회복될 수 있습니다.

- 우리 공동체 안에 있는 지체 한 사람, 한 사람이 하나님의 성전입니다. 이 사실을 인정합니까? 그렇다면 우리가 예수 그리스도 앞에서 다른 이들을 바라보면서 아직 내려놓지 못한 것들이 무엇입니까? 다른 이들을 판단하고, 그들의 상황이 아닌 내 중심에서 정죄하고 있는 것은 없습니까? 하나님은 각 지체를 하나님의 성전으로 부르셨습니다. 우리 각자가 서로 연결되었을 때, 비로소 온전한 믿음의 공동체가 될 수 있습니다. 지금 예수 그리스도 앞에서 우리가 내려놓아야 하는 것들을 나누어봅시다.

주님, 우리가 하나님의 몸 된 성전임을 잊고 살았습니다. 너무 사랑하지 못했고, 다른 이들이 하나님의 성전이라는 사실을 외면한 채, 제 생각대로 판단하고 정죄했습니다. 사랑하지 못했습니다. 지금 이 시간 회개합니다. 용서하옵소서.

나의 언어로 기도해보세요.

예수님의 이름으로 기도드립니다. 아멘.

Knock
두드리시는 음성에 응답하라

성경 속에서 '두드린다'라는 표현으로 가장 유명한 말씀은 마태복음 7장 7,8절의 말씀일 것입니다.

구하라 그리하면 너희에게 주실 것이요 찾으라 그리하면 찾아낼 것이요 문을 두드리라(knock) 그리하면 너희에게 열릴 것이니 구하는 이마다 받을 것이요 찾는 이는 찾아낼 것이요 두드리는 이(who knocks)에게는 열릴 것이니라 마 7:7,8

주님이 산 위에서 무리에게 가르치신 내용 중의 하나가 바로 이 말씀입니다. 일반적으로 이 말씀은 기도에 관한 예수님의 교훈으로 해석됩니다. 7절을 보면, 세 개의 현재 명령형(구하라, 찾으라, 두드리라)이 각각의 미래 수동태(받을 것이다, 찾아낼 것이다, 열릴 것이다)와 연결된다는 점을 발견할 수 있습니다.

이 구조에서 현재 명령형은 계속해서 반복적으로 기도해야 함을 보여주며, 기도의 응답을 말해주는 세 개의 미래 수동태는 모두 신적인 수동태(passive divinum)로서 응답의 주체가 하나님임을 보여줍니다. 기도는 인간이 한다고 할지라도 응답은 하나님이 하신다는 사실을 강조하는 것입니다. 즉 기도라는 행위의 주체가 우리라는 사실을 말하고 있습니다. 그리고 그 기도의 응답을 주관하시는 분은 하나님이십니다.

그런데 응답의 주체가 되시는 주님이 우리에게 두드리기 전에 먼저 구하고(ask), 너희의 힘으로 찾고(seek), 와서 두드리라고(knock) 말씀하십니다. 기도에 있어서 우리의 노력과 의지의 행동이 필요하다는 것입니다. 하나님의 응답은 절대 기계적으로 주어지지 않습니다. 우리가 그분을 향해서 우리의 열정과 간절함, 진정성을 가지고 먼저 나아가야 합니다.

어떤 이들은 기도하면서 하나님께 응답의 문을 열어달라고 두드리고만 있습니다. 내가 하나님께 기도할 때 해야 하는 자세는 잊은 채 응답만 요구하고 있습니다. 이것은 간절함과 열정이 지나치게 앞선 것입니다. 하나님은 우리에게 먼저 신실함으로 다가오시며, 구하고 찾는 우리의 기도를 원하십니다. 이것이 바로 기도 응답, 곧 문이 열리기를 기다리는 자의 자세입니다. 문은 두드리면 열리게 되어 있습니다. 더 엄밀히 말하면, 우리가 두드리지 않아도 주님이 그 문을 먼저 두드리시고 우리에게 들어오고자 하십니다.

볼지어다 내가 문 밖에 서서 두드리노니(knock) 누구든지 내 음성을 들고 문을 열면 내가 그에게로 들어가 그와 더불어 먹고 그는 나와 더불어 먹으리라 계 3:20

요한계시록의 이 말씀은 라오디게아교회에 주는 편지의 결말인 동시에 일곱 교회에 보내는 편지의 마지막 맺음으로도 볼 수 있습니다. 주님이 문 밖에 서서 두드리고 계십니다. 여기서 우리가 중요하게 보아야 하는 것은 우리가 정작 집중해야 하는 대상이 노크 소리가 아니라 바로 '내 음성', 즉 문밖에서 들리는 주님의 음성이라는 사실입니다.

누구나 우리에게 노크할 수 있습니다. 예수님인 척 노크할 수도 있습니다. 그렇기에 우리가 주님의 음성을 듣고 분별할 수 있어야 합니다. 그 음성을 듣고 분별할 수 있다면, 우리는 주님과 함께 교제를 나눌 수 있습니다. 지금 문 밖에서 두드리시는 주님의 음성이 들립니까?

내 양은 내 음성을 들으며 나는 그들을 알며 그들은 나를 따르느니라 요 10:27

양은 자기 목자의 음성을 기억합니다. 다른 목자들이 아무리 불러도 가지 않습니다. 만약 다른 목자에게 가는 양이 있다면, 그 양은 목자가 책임을 질 수 없습니다. 우리가 주님의 양이라면, 주님이 우리의 목자가 되어 주신다면, 우리는 분명 그분의 음성을 따라가야 합니다. 그래야 우리가 살 수 있습니다. 그래야 우리가 안전할 수 있습니다. 그래야 우리가 목자의 보호 아래 있을 수 있습니다. 지금 우리의 기도 응답을 가지고 문을 두드리는 분이 우리 목자 되신 주님이십니까? 그분이 분명하다면, 이제 우리가 문을 열어드릴 차례입니다.

그러나 명심하십시오! 양의 탈을 쓴 늑대가 여기저기서 주님인 척 가장하여 우리를 미혹하고 노리고 있습니다. 우리가 원하는 기도의 응답을 가지고 온 주님인 척 우리의 문이 열리기를 기다리며 두드립니다. 그러므로 기도의 응답은 우리가 원하는 것이 아니라, 하나님이 우리에게 원하시는 것임을 명심하십시오. 기도의 여정은 그 하나님의 음성을 찾아가는 과정입니다.

• 우리에게 들리는 음성 가운데 하나님의 음성인 척 우리를 미혹하게 만드는 소리는 없습니까? 우리에게 들리는 소리들을 적어보고 하나님의 음성인지, 아니면 우리를 생각인지, 혹은 우리를 미혹하게 하는 사탄의 음성은 아닌지 분별해봅시다.

_____

_____

_____

_____

_____

• 우리의 기도는 너무도 쉽게 하나님의 응답만을 요구하고 있지는 않습니까? 우리의 신실함, 열정, 그리고 진정성을 가지고 먼저 구하고 찾는 자세를 하나님께 드려야 함을 잊지 말아야 합니다. 나의 기도의 태도에 대해서 스스로 평가해봅시다.

_____

_____

_____

_____

_____

주님, 지금까지의 제 기도를 돌아봅니다. 혹 주님의 응답만 바라보며 두드리고 있지는 않는지, 우리가 하나님의 응답만 재촉하고 있는 것은 아닌지 깨닫게 하옵소서. 제 손과 발이 제 마음대로 움직이는 것이 아니라 하나님을 전적으로 의지하게 하옵소서.

나의 언어로 기도해보세요.

_____

_____

_____

_____

예수님의 이름으로 기도드립니다. 아멘.

Learn

하나님께 배우라

우리는 평생 학습을 하며 살아가는 존재입니다. '학습'이라는 단어는 '배우고 익힘'이라는 뜻입니다. 배우는 것만을 의미하지 않고, 배운 것을 가지고 내 몸에, 내 삶에 적용하여 익히는 것입니다. 제가 섬기는 공동체에 늘 강조하는 말이 있습니다.

"신앙은 훈련이다."

신앙에는 판타지가 존재하지 않습니다. 하나님을 만났다고 해서 한순간에 사람이 변하지 않습니다. 변한다고 해도, 우리가 의지적으로 성화(聖化)되고자 하는 노력과 힘을 들이지 않으면 순간적인 변화는 우리에게서 금방 사라질 것입니다.

우리는 신앙에서 일어나는 이러한 변화를 다양한 이름으로 부릅니다. '은혜'라는 이름으로, '성장과 성숙'이라는 이름으로, '회개'라는 이름으로, '칭의'(justification), 곧 의롭게 된다는 이름으로 부릅니다. 이름은 다르지만, 모두 하나님을 만나고 알게 되면서 우리의 삶에 나타나는 거룩한 변화를 의미합니다. 그러나 우리에게 중요한 사실은, 이 변화의 순간에 만족하고 안주하면 우리에게서 이 모든 변화가 사라질 수밖에 없다는 것입니다. 그래서 더 우리의 의지(will)가 필요합니다. 일부러 더 어렵게, 더 힘을 쏟고, 나를 쳐서 복종시키는 노력으로 이 변화를 유지해야 합니다. 그래야 이 변화의 참 의미를 깨달을 수 있습니다.

하나님의 음성을 듣는 훈련도 마찬가지입니다. 처음 훈련을 시작하면서, 무언가 그럴싸하게 내 마음 가운데 들리는 음성이 있다고 해서 그것을 전적인 하나님의 음성으로 착각해서는 안 됩니다. 하나님의 음성은 결코 일회성이 아니므로 우리의 내면에 계속해서 당신의 음성을 들려주시고 보여주십니다. 그렇게 하나님의 음성에 익숙해지고 친밀해지다가 어느 순간 우리의 집중력이 흐트러지게 되는 순간들이 오게 됩니다. 영적인 슬럼프, 침체기입니다.

이 순간은 누구에게나 찾아옵니다. 슬럼프라는 것은 반복된 훈련에도 불구하고 자기 실력이 제대로 발휘되지 못하고 저조한 상태로 길게 계속되는 일을 말합니다. 영적인 침체기는 하나님을 잘 믿고, 믿음이 자라며, 신앙생활이 너무 행복한 이들에게도 어김없이 찾아옵니다. 이 슬럼프를 넘어서야 영적인 진일보가 이루어집니다. 피하고 싶지만, 그러나 절대 피해서는 안 되는 것이 바로 이 영적인 슬럼프입니다.

그런데 문제는 이 슬럼프가 길어지면 길어질수록 우리에게는 유익보다는 무익함이 더 많다는 사실입니다. 슬럼프를 감지했다면, 그것을 인정하고 더 열심히 하나님을 찾고 그분의 일하심을 구해야 합니다. 침체된 상태로 있게 되면, 시간이 지날수록 우리는 그 침체의 늪에 빠져버릴 수밖에 없기 때문입니다. 그러면 더는 하나님의 음성이 들리지 않게 됩니다. 아니, 그 음성에 관심도 없어지게 되는 비참한 상태가 되어버립니다. 우리에게 이 음성이 들리지 않게 되는 순간, 결국 우리는 하나님과의 단절을 경험합니다. 우리의 삶에 그분의 음성이 들리지 않는 것만큼 비극은 없을 것입니다.

사울을 보십시오. 하나님이 이스라엘의 왕이 되어주셨음에도 불구하고 이스라엘 민족은 끊임없이 그들의 눈에 보이는 왕을 사무엘에게 요구했습니다. 그러나 하나님은 그들의 불의한 소원을 들어주셨고, 사울이라는 한 사람을 선택하셔서 이스라엘의 초대 왕으로 허락하셨습니다.

사무엘상 9장 2절은 사울을 묘사하면서 "이스라엘 자손 중에 그보다 더 준수한 자가 없고 키는 모든 백성보다 어깨 위만큼 더 컸더라"라고 설명합니다. 하지만 하나님이 자신을 대신할 왕을 선택하시는데, 신체적인 조건만 보고 선택하셨겠습니까? 그는 분명 하나님이 보시기에 이스라엘의 왕으로서 여러모로 충분했기에 선택 받은 것입니다. 사무엘이 사울에게 기름을 부을 때, 이스라엘의 왕으로서 하나님이 그를 왜 선택하셨는지 우리는 짐작할 수 있습니다.

네게는 여호와의 영이 크게 임하리니 너도 그들과 함께 예언을 하고
변하여 새 사람이 되리라 … 그가 사무엘에게서 떠나려고 몸을 돌이
킬 때에 하나님이 새 마음을 주셨고 그 날 그 징조도 다 응하니라

삼상 10:6,9

'여호와의 영'(루아흐 아도나이)이 사울에게 임했을 때, 그는 하나님
의 기름 부음을 받은 자, 하나님의 대리인으로서 책임과 사명을 완
수할 수 있었습니다. 여호와의 영(루아흐), 생기가 그에게 들어갔기
때문입니다. 이스라엘 베냐민 지파에서 가장 미약하고 작은 자(삼상
9:21)였던 사울이 이전과 전혀 다른 힘과 능력을 맛보게 되었고, 그
에게 하나님의 음성(예언)이 들리기 시작했습니다. 그런데 언제 그 영
이 그를 떠났을까요?

사무엘이 이르되 여호와께서 번제와 다른 제사를 그의 목소리를 청종
하는 것을 좋아하심같이 좋아하시겠나이까 순종이 제사보다 낫고
듣는 것이 숫양의 기름보다 나으니 이는 거역하는 것은 점치는 죄와
같고 완고한 것은 사신 우상에게 절하는 죄와 같음이라 왕이 여호와
의 말씀을 버렸으므로 여호와께서도 왕을 버려 왕이 되지 못하게 하
셨나이다 하니 삼상 15:22,23

그가 스스로 작게 여길 때, 하나님은 그를 왕으로 세우셨습니다

(삼상 15:17). 그러나 그가 여호와의 말씀을 버렸을 때, 하나님도 그를 버리셨다고 사무엘은 말합니다. 하나님이 당신의 영을 사울에게 허락하시고, 그 영으로 말미암아 하나님의 음성을 그에게 들리게 하셨습니다. 그러나 사울은 하나님의 음성에 자신의 힘과 노력을 들이지 않았습니다. 하나님의 목소리를 청종하지 않았습니다. 사무엘은 사울의 이런 행동에 대해서 '하나님께 거역하는 것'으로 규정합니다.

하나님의 음성에 집중하지 않을 때, 우리 안에서 어떤 일이 일어납니까? 하나님의 영이 떠나갑니다! 그 자리에는 악한 영이 틈탈 수밖에 없습니다(삼상 16:14). 크리스천에게 이처럼 비극적인 일이 어디 있을까요? 만약 사울이 하나님의 영으로 변화되어 새사람이 된 그때부터 지속해서 하나님의 음성에 민감히 반응하고, 그 스스로의 의지를 가지고 지속적인 변화의 열매를 구하며 성화되기 위해 노력했다면, 이런 비극적인 결말은 없었을 것입니다.

그렇다면 사울은 어떻게 했어야만 했습니까? '신앙은 훈련'이라는 명제를 기억해야 했습니다. 끊임없이 신앙에 있어서 배움을 추구하는 것입니다. 이는 인간적인 신앙의 간증이나 방법, 소위 신앙의 기술(skill)을 추구하거나 배우는 것이 아니라, 신앙의 본질이 되시는 하나님을 추구하는 것입니다. 그리고 그분의 일하심을 배워서 우리의 삶에 적용하고 익히는 것입니다. 하나님의 살아 계심을 우리가 인정한다면, 그분이 오늘도 우리를 가르치시고 있다는 사실을 깨달아야 합니다. 하나님이 우리를 가르치십니다. 그러니 우리는 그분께 배우면 됩니다.

저자직강. 학원가에서 많이 사용하는 말입니다. 책을 쓴 저자가 직접 가르치고 풀이하는 강의를 일컫습니다. 우리를 창조하신 하나님, 우리에게 하나님의 새 영(루아흐)을 불어넣으신 분이 가르치시는 대로 배우고 살아간다면, 그 삶이 바로 하나님나라, 곧 하나님이 통치하시는 삶이 될 것입니다.

하나님은 우리에게 성경이라는 1차 자료(Primary Source)를 주셨습니다. 성경은 하나님의 강의안입니다. 이 세상을 향한 하나님의 창조 목적부터 어떻게 디자인을 하셨는지, 이 땅에 대한 그분의 의도와 가르침이 모두 담겨 있습니다. 그렇다면 우리는 이 성경으로부터 배우면 됩니다. 즉 성경에 담겨 있는 하나님의 일하심을 모든 배움의 출발점으로 삼으면 됩니다.

하나님은 우리가 평생 그분을 알기 위해서 노력하기 원하십니다. 우리가 하나님을 더 추구할수록 우리는 하나님을 더 닮아갈 수 있으며, 우리가 하나님을 더 알수록 하나님은 우리를 끝까지 포기하지 않으시고 우리 안에 있는 당신의 영을 늘 새롭게 하십니다.

하나님의 일하심을 배우는 것, 그것을 위해서 힘써 노력하는 것. 그것은 하나님을 향한 우리의 사랑, 우리의 의지의 표현입니다.

• 하나님을 알고, 하나님의 일하심을 배우기 위해 얼마나 노력하고 있
습니까? 매일의 삶에서 하나님의 일하심을 더 배우고자 노력하는 의
지를 솔직하게 적어봅시다. 그리고 다른 사람들의 노력과 방법을 보
고 내 삶에 적용할 수 있는 것은 무엇인지 살펴봅시다.

기도

주님, 주님을 더 알고 싶습니다. 제 삶 속에서 지금도 일하고 계시는 하
나님을 더 배우고 싶습니다. 제 눈을 열어 하나님의 일하심을 보게 하소
서. 주님의 음성을 청종하면서 더 거룩한 삶을 살아가도록 인도하소서.

나의 언어로 기도해보세요.

예수님의 이름으로 기도드립니다. 아멘.

Meet

하나님을 만나라

과거 이스라엘 민족은 하나님을 대면(Meet)하면 죽는다고 생각했습니다. 그러나 여기에 비밀이 하나 숨어 있습니다. 하나님이 목적이 있으셔서 먼저 찾아온 이들은 죽지 않았다는 것입니다.

사사기 6장에 보면, 하나님이 이스라엘 민족을 위해서 기드온을 사사로 부르시는 장면이 나옵니다. 기드온은 스스로를 부족하고 연약한 자로 여겼습니다. 사람들도 기드온에게 관심을 갖지 않았습니다. 그런데 하나님은 자타공인 연약함 덩어리인 기드온을 미디안 사람으로부터 이스라엘을 구원할 자로 부르셨습니다.

기드온이 그가 여호와의 사자인 줄을 알고 이르되 슬프도소이다 주 여호와여 내가 여호와의 사자를 대면하여 보았나이다 하니 여호와께서 그에게 이르시되 너는 안심하라 두려워하지 말라 죽지 아니하리라 하시니라 삿 6:22,23

하나님이 그를 부르신 것 자체도 말이 되지 않는 상황입니다. 이 상황 속에서 기드온의 마음 한구석에 밀려온 두려움은 그가 하나님의 사자를 만났기에 죽을 수밖에 없다는 사실이었습니다. 기드온의 상식으로는 하나님을 대면한 자는 반드시 죽어야 했습니다. 그러나 하나님은 그의 상식 수준에서 일하시는 분이 아니셨습니다. 하나님은 기드온에게 목적이 있으셔서 찾아오셨고, 그가 이해할 수 없는 방법으로 일하셨습니다. 기드온이 필요하신 하나님은 그에게 "안심하라, 두려워하지 말라, 죽지 아니하리라"라고 말씀하셨습니다. 그리고 그에게 "내가 너와 함께할 것이다"라는 분명한 언약을 주십니다.

임마누엘의 언약. 어찌 기드온뿐이겠습니까? 삼촌 라반의 집으로 피신하면서 칠흑같이 어두운 광야에서 홀로 잠을 청하던 야곱에게도 주님은 찾아와주셨습니다. 그에게도 하나님은 "내가 너와 함께할 것이다"라는 임마누엘의 언약을 주셨습니다.

우리가 심각하게 착각하고 있는 것은 오늘 하나님이 우리에게 찾아와주시지 않는다고 여기는 것입니다. 하나님의 사람으로 살아가지만 정작 하나님이 오늘 나와 함께하실 것이라는 사실을 믿지 못하고 인정하지 않는 것입니다. 우리는 기드온이나 야곱처럼 하나님을 만날 수 있는 사람들도 아니고, 또 여전히 하나님을 만날 수 있는 시대를 살아간다고 생각하지 않기 때문입니다. 그러나 이것은 우리의 치명적인 오류입니다.

하나님은 여전히 우리와 함께하십니다. 기드온이나 야곱과 같이 우리에게도 함께하신다고 말씀하실 뿐만 아니라, 실제로 우리는 매일 하나님의 영, 곧 성령과 함께 살아가고 있습니다. 이 사실을 하나님은 당신의 음성으로 말씀해주십니다.

> 만일 너희 속에 하나님의 영이 거하시면 너희가 육신에 있지 아니하고 영에 있나니 누구든지 그리스도의 영이 없으면 그리스도의 사람이 아니라 … 무릇 하나님의 영으로 인도함을 받는 사람은 곧 하나님의 아들이라 롬 8:9,14

로마서 8장에서 바울이 증언하고 있는 것은 크리스천들에게 이미 하나님의 영이 거하고 있다는 사실입니다. 저는 적어도 하나님의 음성 듣기 훈련을 하고 싶은 마음이 있는 분이라면 하나님의 영으로 인도함을 받은 하나님의 자녀라고 생각합니다. 우리 안에 하나님의 영이 거하지 않는다면, 어찌 하나님의 음성에 대한 궁금증이 생길 수 있으며, 그분의 음성으로 살고자 하는 마음이 있을 수 있겠습니까?

그러므로 이미 우리와 함께하시며 내주하시는 하나님의 영, 곧 성령에 대한 믿음이 흔들리지 말아야 합니다. 이 믿음은 우리가 매일 하나님과 동행하고 있다는 사실의 이유가 되며, 우리가 매일 하나님과 만나고 있다는 사실의 전제가 됩니다. 하나님은 당신의 임재(presence)를 어떠한 공간이나 시간으로 제한시키지 않으셨습니다.

과거 출애굽의 여정 가운데서는 하나님의 임재 장소가 회막(the

Tent of Meeting)으로 제한되었습니다. 하나님이 스스로 제한한 것으로 볼 수도 있지만, 이스라엘 민족이 그 거대하신 하나님의 공간을 회막으로 제한시킨 것으로도 해석할 수 있습니다. 즉 모든 민족과 온 인류의 하나님, 창조주 하나님을 그들만의 하나님으로만 삼고 싶었던 것입니다.

그러나 하나님은 예수님을 통해서 이 제한된 공간을 철저히 무너뜨리셨습니다. 십자가의 사건은 단순히 인류 구원의 사건만이 아니라, 제한되었던 하나님의 공간의 회복이기도 합니다. 물론 유대교에서는 절대 인정하지 않을 것입니다. 그러나 하나님은 원래 제한된 분도 아니시며, 제한된 공간에 머무르시는 분이 아닙니다. 그것은 우리의 착각입니다. 예수 그리스도의 십자가 사건을 통해서 우리는 해방된, 혹은 회복한 하나님의 공간을 경험할 수 있습니다.

> 땅이 혼돈하고 공허하며 흑암이 깊음 위에 있고 하나님의 영은 수면 위에 운행하시니라 창 1:2

창세기의 말씀처럼 땅이 창조될 때, 아무것도 없는 무(無)의 상태에서 하나님의 영은 수면 위를 운행하셨습니다. 공간의 개념이 없던 그 창조의 때에 하나님의 영은 그렇게 자유롭게 다니셨습니다. 이런 하나님을 이스라엘은 '회막'이라는 곳으로 하나님의 임재를 제한했던 것입니다. 어떻게 보면 하나님은 집이 없는 분이십니다.

Homeless God. 이것이 창세기 1장 2절에서 묘사하는 하나님의 이미지입니다. 예수 그리스도의 십자가 사건은 바로 이 하나님의 속성의 회복입니다. 어쩌면 예수 그리스도께서 회복시키신, 자유롭게 아무 제한이 없으신 하나님의 모습이 가장 창조주 하나님다운 모습이 아닐까요?

그래서 저는 사도행전에 나타나는 오순절 성령 사건은 모든 열방을 구원하고자 하시는 하나님의 의지적 사건이라고 생각합니다. 어떤 한 민족에게 국한되지 않으시고, 모든 열방을 구원하시며, 모든 민족과 방언의 참 주인이신 하나님을 선포하시는 사건으로 이해할 수 있습니다. 유대인이나 헬라인이나, 남자나 여자나, 종이나 주인이나, 그 어느 한 부류만을 위한 하나님이 아닌, 모든 사람을 위한 창조주 하나님으로서의 회복인 것입니다.

성령, 곧 하나님의 영은 오늘 우리에게 그런 의미입니다. 단순히 병을 고치고, 방언이 터지게 하며, 은사를 가져다주는 기적의 아이콘이 아니라, 모든 사람을 구원하고자 하시는 하나님의 배려이자 사랑입니다. 모든 이들을 통해서 하나님의 나라가 이 땅에 세워지기를 원하시는 하나님의 소망입니다.

이 성령을 만나는 것, 이것이 바로 하나님의 영으로 인도함을 받는다는 말의 의미입니다. 그리고 이런 사람을 우리는 하나님의 자녀라 부릅니다.

하나님의 사람이 누리는 자유함의 근원이 창세기 1장 2절의 하나님이라는 사실을 잊지 맙시다. 제한 없으신 하나님, 그러므로 오늘도 우리가 그 하나님을 만날 수 있습니다. 아니, 우리는 그 하나님을 만나야만 합니다. 그분의 음성은 우리를 그분과의 만남으로 더욱 가깝게 이끌어가십니다.

과제

- 우리 스스로 하나님을 제한하고 있지는 않은지 생각해봅시다. '하나님이 정말 제한 없으신 분이라면, 그 하나님을 우리가 만날 수 있다'라는 사실을 침묵 가운데 곰곰이 묵상해봅시다.

- 하나님의 사람은 하나님의 영으로 인도함을 받습니다. 성령을 만난 사람입니다. 오늘도 나는 하나님의 영, 곧 성령을 만났는지, 하나님을 어떻게 경험했는지, 하나님의 음성을 어떻게 들었는지 적어봅시다.

_____

_____

_____

기도

주님, 주님을 만났어도 여전히 당당히 고백하지 못하는 제 작은 믿음을 긍휼히 여겨주소서. 매일의 삶 가운데 역사하시는 하나님이심을 고백합니다. 주님을 만난 하나님의 사람답게 살도록 용기를 주소서. 하나님을 스스로의 지식과 경험, 신앙으로 제한하는 우를 범하지 않도록 하소서.

나의 언어로 기도해보세요. _____

_____

_____

예수님의 이름으로 기도드립니다. 아멘.

Note

하나님을 주목하라

사도행전의 저자인 누가는 스데반이 사람들의 분노로 인해 죽임 당하기 전에 하늘을 주목하여 하나님의 영광과 예수께서 하나님 보좌에 계심을 보았다고 전합니다.

> 스데반이 성령 충만하여 하늘을 우러러 주목하여 하나님의 영광과 및 예수께서 하나님 우편에 서신 것을 보고 행 7:55

그러면서 당시 스데반의 영적 상태를 '성령이 충만하여'라고 설명합니다. 성령이 충만한 상태, 하나님을 만나고 하나님께 인도함을 받으며 살아가는 인생을 '성령이 충만하다'라고 묘사한 것입니다.

사도행전 13장에서는 7장에서 성령이 충만한 스데반을 죽이고자 덤벼드는 무리 가운데 있었던 바울이 하나님을 만나고 성령이 충만한 상태에서 마술사 엘루마(바예수)를 바라보고 있는 장면을 그리고 있습니다.

> 바울이라고 하는 사울이 성령이 충만하여 그(마술사 엘루마)를 주목
> 하고 행 13:9

스데반을 죽일 때는 성령과 전혀 상관없던 자였지만, 그가 지금은 오히려 스데반을 감동케 했던 그 하나님의 영으로 충만한 상태에서 거짓 마술사를 상대하고 있습니다. 얼마나 아이러니합니까? 그러나 성령을 경험하면 이런 아이러니가 인생의 가장 중요한 변곡점이 된다는 사실을 기억해야 합니다.

스데반이 죽음의 상황 가운데서도 하나님의 영광을 주목할 수 있었던 이유는 바로 성령의 충만함 때문이었습니다. 그 스데반을 죽이고자 혈안이 되어 있던 청년 사울의 인생을 송두리째 바꿔놓은 것은 무엇입니까? 바로 성령의 충만함, 하나님의 영으로 인도함을 받았기 때문입니다.

우리의 내면이 하나님의 영으로 충만할 때, 우리의 시선에 보이는 모든 것들의 의미가 바뀝니다. 원수가 동역자가 되며, 저주가 축복으로, 미움과 시기가 회개와 자기반성으로 바뀌게 됩니다. 어떻게 그럴 수 있을까요? 거부할 수 없는 하나님의 음성이 우리의 내면에 들리기 때문입니다. 우리는 그 음성을 기억해야 합니다. 우리가 기억하는 그 하나님의 음성에 따라서 우리가 주목하는 것들이 달라지기

때문입니다.

새해가 되면 많은 사람이 점(占)을 보러 갑니다. 그들이 기억하는 삶의 방식이 '새해=점(占)'이기 때문입니다. 어떤 이들은 자기 뜻대로 삶이 흘러가기를 원하면서 부적을 붙이고 다닙니다. 또 다른 이들을 자기 뜻에 맞추기 위해서 몰래 그 부적을 가지고 다니도록 숨기기도 합니다. 왜 그럴까요? 그들은 부적의 힘을 빌려서라도 모든 것들이 자기 뜻대로 흘러가기를 원하는 욕망에 주목하고 있기 때문입니다. 하나님의 영이 거하지 않는 이들이 쉽게 주목하는 것들이 바로 이런 인간의 욕망을 담은 점이나 부적과 같은 것들입니다.

만약 크리스천으로서 하나님을 바라보고 주목하는 방식이 이런 세상 사람들과 다를 바 없다면, 즉 자신의 욕망을 채우기 위한 수단으로 하나님을 주목한다면, 그들은 하나님에게서 들리는 음성을 그들의 내면에 기억하지 않은 자들입니다. 들리기는 하지만 그 음성을 기억하고 싶지 않아서, 또는 부담스러워서 그대로 흘려보내는 자들입니다. 정말 그렇다면 얼마나 비참한 인생입니까! 우리는 우리가 듣는 그 하나님의 음성에 주목하고 기억해야 합니다.

'Note'라는 단어는 명사로 사용할 때 '메모, 편지, 쪽지, 기록'이라는 의미이지만, 동사로 사용하면 '주목하다, 언급하다'의 뜻을 가집니다. 즉 '내가 주목하고 있는 것을 기록하는 것'이 바로 이 단어가 가지는 의미입니다. 나는 지금 나에게 들리는 하나님의 음성에 주목하고 있습니까? 지금 듣고 있는 그 음성에 주목하고 있습니까?

그렇다면 우리는 그 음성을 기록해야 합니다. 그래야 기억할 수 있습니다. 기억하려고 몸부림치지 않으면 우리는 그냥 세상이라는 강(江)에 하나님의 음성을 흘려보내는 오류를 범하고 맙니다. 우리가 기억하려고 몸부림치고 있다면, 그 노력은 절대 물거품으로 돌아가지 않을 것입니다. 그 노력이 쌓여서 하나님의 영으로 충만한 상태로 인도함 받을 것입니다. 스데반이 본 그 하나님의 영광을 우리도 볼 수 있습니다. 바울이 성령이 충만한 상태로 거짓 영에 사로잡힌 이들을 담대하게 꾸짖는 놀라운 역사를 우리도 경험할 수 있습니다.

우리는 새로운 삶의 방식을 만들어나가야 합니다. 우리의 영과 몸이 하나님의 음성을 기억하는 삶을 살아가는 것입니다. 그럴 때, 우리는 하나님의 음성에 민감히 반응할 수 있습니다. 그런 사람을 우리는 성령이 충만한 사람, 하나님의 영으로 인도함을 받는 하나님의 사람이라고 부를 수 있습니다. 이제 우리 안에 들리는 그 음성을 주목하고, 하나님의 음성을 분별하여 민감하게 반응해야 합니다.

우리 안에 들리는 하나님의 음성을 어떻게 분별하고, 무엇을 적어야 하는지 고민하는 사람이 많이 있습니다. 기본적으로 내 안에 들리는 많은 음성 중에서 하나님의 음성을 분별하기 위해서는 일차적으로 내 생각을 지우는 연습을 해야 합니다. 많은 소리 가운데 내 생각이 하나님의 음성을 방해하는 가장 큰 장애물임을 잊지 말아야 합니다.

내 생각이나 음성을 지우는 연습을 위한 가장 좋은 방법이 침묵입니다. 우리는 앞서 침묵 기도에 대해 살펴보았습니다. 침묵 가운데 처음 떠오르는 생각의 대부분은 거짓 자아에서 흘러나오는 내 음성입니다. 그것은 우리가 주목하지 않아도 되는 것이니 지워버리는 것이 좋습니다.

그렇게 침묵해나가면 하나님의 음성에 집중하게 됩니다. 하루 동안 묵상하고 있는 그 말씀(큐티)을 계속 생각하면서, 하나님이 나에게 주시는 음성을 기록해보십시오. 단어, 문장, 글, 시, 그림, 이미지 등 우리가 표현할 수 있는 모든 수단으로 하나님의 음성을 기록합니다.

하나님의 음성은 일회성이 아닙니다. 만약 일회성이라면 하나님의 음성이 아닐 확률이 높습니다. 그 음성의 꼬리는 1시간 후, 6시간 후, 내일도, 모레도, 우리가 묵상하면 할수록 더 깊은 묵상과 진한 하나님의 음성으로 우리에게 들려옵니다. 아니, 그래야만 합니다. 그것이 곧 우리를 향한 하나님의 뜻이자 마음이고, 우리의 비전이요 예언이기 때문입니다. 그러므로 그 기록을 소홀히, 혹은 헛되이 여기지 않길 소망합니다.

이 책의 부록에 하나님의 음성을 기록하는 양식을 첨부해놓았습니다. 매일 이 양식에 기록하고 나누어보십시오. 하루에 한 번이 아니라 하나님의 음성이 들리는 순간마다 기록하는 것도 좋습니다.

과제

- 하나님의 음성을 듣는 훈련을 하고 있지만, 세상 속에서 살아가기에 많은 유혹이 있을 수밖에 없습니다. 잠시라도 하나님으로부터 멀어지게 한 것들이 있다면 솔직히 적어봅시다.

_____

_____

_____

- 이제 그 생각을 정돈하고, 호흡을 정돈하고 하나님의 음성에 주목하시기 바랍니다. 내 안에 거하시는 성령께서 주시는 그 음성에 집중하시기 바랍니다. 우리의 연약함을 아시는 하나님은 이 순간에도 하나님께 집중하는 이들의 마음을 회복시키십니다.

기도

주님, 여전히 연약한 저를 보며 실망하고 좌절할 때가 있습니다. 이것이 더 하나님 앞으로 나아가고자 몸부림치는 제 발목을 붙잡기도 합니다. 주님, 제 손을 꼭 붙잡아주옵소서. 절대로 놓지 마옵소서. 쓰러져 있을 때도 하나님을 주목하는 제 간절한 시선을 기억해주옵소서.

나의 언어로 기도해보세요. _____

_____

_____

_____

예수님의 이름으로 기도드립니다. 아멘.

Order

내면을 정리하라

이 책을 읽으며 하나님의 음성 듣기 훈련을 실천해봤다면, 이제는 삶에서 작은 변화들을 경험하게 되었을 것입니다. 의도적으로 하나님을 더 생각하고, 말씀을 묵상해도 더 깊이, 더 자주 찾게 되며, 기도해도 가벼운 기도가 아니라 하나님의 마음을 구하는 깊은 기도를 하려고 일부러 노력하는 자신을 발견하게 될 것입니다.

물론 결과가 만족스럽지는 않을 수 있습니다. 그렇다고 좌절할 필요는 없습니다. 신앙은 훈련이기 때문에 우리가 노력하는 만큼, 몸부림치는 만큼 변할 수 있습니다. 제일 중요한 것은 지속성입니다. 포기하지 않고 끝까지, 결실을 볼 때까지 내가 하나님의 사람으로 그분의 음성을 청종하면서 달려가는 것이 중요합니다.

조금씩 변하는 자신을 발견하는 기쁨을 맛보십시오. 하나님의 음성에 민감해질수록 우리는 세상의 음성으로부터 멀어질 수 있습니다. 세상 속에 숨어있는 바알과 아세라의 속삭임으로부터 둔감해질 수 있습니다. 세상에 기대면 기댈수록, 세상의 방법과 가치관을 따라갈수록 바알과 아세라의 음성은 더 달콤하고 그럴싸하게 우리의 삶에 침투합니다. 이것으로부터 달아날 방법은 그 음성과 정반대인 하나님의 음성에 민감해지는 방법뿐입니다.

그래서 이 시점에, 우리는 하나님의 음성에 대한 우리의 반응을 정리(order)할 필요가 있습니다. 나에게 들리는 수많은 음성 가운데 하나님의 음성을 분별할 수 있는 민감함이 먼저 필요하지만, 그 민감함은 쉽게 생기지는 않습니다. 민감함은 더욱 시간이 필요한 작업입니다. 그보다 앞서 우리는 우리에게 들리는 분명한 하나님의 음성에 어떻게 반응했는지 돌아볼 필요가 있습니다.

가령, 분명한 하나님의 음성이었음에도 의도적으로 회피하지는 않았는지, 하나님의 음성이 나의 방법과 뜻에 맞지 않는다고 축소하거나 왜곡해서 반응하지는 않았는지, 하나님의 음성을 모른 척하지는 않았는지, 혹은 하나님이 원하시는 수준보다 오히려 과한 열정으로 반응하지는 않았는지 점검해보십시오.

이런 질문들을 통해 우리가 그동안 하나님의 음성에 어떻게 반응을 했는지 돌아보며 정리하는 시간이 필요합니다.

민수기 20장에 보면, 소위 므리바 사건이라고 일컫는 장면이 나옵니다. 광야의 여정 가운데 수많은 기적을 경험했지만, 이스라엘 민족은 여전히 모세와 아론에게 불평하고 만족함보다는 부족함에 집중하면서 불만을 일삼았습니다. 신 광야에 이른 이스라엘 민족은 물이 없음을 보고 모세와 아론에게 모여들어 죽겠다고 말합니다.

회중이 물이 없으므로 모세와 아론에게로 모여드니라 백성이 모세와
다투어 말하여 이르되 우리 형제들이 여호와 앞에서 죽을 때에 우리도
죽었더라면 좋을 뻔하였도다 너희가 어찌하여 여호와의 회중을 이 광
야로 인도하여 우리와 우리 짐승이 다 여기서 죽게 하느냐 너희가 어
찌하여 우리를 애굽에서 나오게 하여 이 나쁜 곳으로 인도하였느냐
이곳에는 파종할 곳이 없고 무화과도 없고 포도도 없고 석류도 없고
마실 물도 없도다 민 20:2-5

광야를 걷던 이스라엘 민족에게 '죽겠다'라는 표현은 거의 일상이
나 다름이 없습니다. 출애굽의 여정은 '살리는' 여정이지 결코 '죽이
는' 여정이 아닙니다. 하나님은 이 백성을 단 한 번도 아무 이유 없이
죽이고자 하신 적이 없습니다. 그럼에도 그들 스스로 하나님이 자신
들을 죽이고 있다고 생각하는 것입니다. 치명적인 오류입니다. 만나
와 메추라기를 경험했음에도 이스라엘 민족은 먹이시고 돌보시는 야
훼 하나님을 신뢰하지 못했습니다.

모세와 아론은 하나님께 하소연할 수밖에 없습니다. 그들도 얼마
나 답답했을까요? 아무리 가르쳐도, 아무리 하나님의 기적을 보여
줘도 여전히 제자리걸음을 하는 이 백성을 바라보는 모세와 아론의
심정도 어느 정도 이해가 됩니다. 그러나 하나님은 그런 백성의 요

구를 또 들어주십니다.

> 여호와께서 모세에게 말씀하여 이르시되 지팡이를 가지고 네 형 아론
> 과 함께 회중을 모으고 그들의 목전에서 너희는 반석에게 명령하여
> 물을 내라 하라 네가 그 반석이 물을 내게 하여 회중과 그들의 짐승
> 에게 마시게 할지니라 민 20:7,8

하나님은 반석에서 물을 내겠다고 말씀하십니다. 하나님의 일하심의 방법은 늘 우리의 상식을 벗어납니다. 거기에는 우리가 이해하기 어려운 수준의 배려와 사랑이 담겨 있습니다. 이스라엘 백성의 목만 축이는 것이 아니라 그들의 짐승까지도 먹이시고 갈증을 해소해 주겠다고 말씀하십니다. 모세는 분명한 하나님의 음성을 들었습니다. 그런데 예상치 못한 문제가 발생했습니다.

> 모세와 아론이 회중을 그 반석 앞에 모으고 모세가 그들에게 이르
> 되 반역한 너희여 들으라 우리가 너희를 위하여 이 반석에서 물을 내
> 랴 하고 모세가 그의 손을 들어 그의 지팡이로 반석을 두 번 치니 물
> 이 많이 솟아나오므로 회중과 그들의 짐승이 마시니라 여호와께서 모
> 세와 아론에게 이르시되 너희가 나를 믿지 아니하고 이스라엘 자손의
> 목전에서 내 거룩함을 나타내지 아니한 고로 너희는 이 회중을 내가
> 그들에게 준 땅으로 인도하여 들이지 못하리라 하시니라 민 20:10-12

모세와 아론이 회중을 반석 앞에 모으고, 모세가 이스라엘 백성을 "'반역한 너희여"라고 부르기 시작하면서 분위기가 이상하게 흘러갑니다. 이 말의 히브리어 원어는 '함모림'(ham mo rim)입니다. 그리고 이 단어의 어원은 우리가 잘 아는 '쓰다'라는 뜻을 가진 '마라'(marah)입니다. 모세는 의도적으로 이스라엘 민족이 지금 하나님을 반역하고 있다고 지적합니다. 그런데 하나님의 반응은 오히려 이스라엘 민족이 반역하고 있는 것이 아니라, 모세를 향해서 하나님의 거룩함을 나타내지 않았다고 말씀하십니다. 즉, 모세가 지금 하나님을 반역했다고 말씀하시는 것입니다.

모세는 이 일로 인해서 그렇게 학수고대하던 가나안 땅에 들어가지도 못합니다. 우리의 상식으로는 도저히 이해가 되지 않습니다. 어떻게 이럴 수 있을까요? 모세가 반석을 두 번 친 것이 그렇게 잘못입니까? 그것이 정녕 하나님의 거룩함을 나타내지 않은 것일까요?

모세가 므리바 사건으로 가나안 땅에 들어가지 못한 이유에 대해서 많은 해석을 할 수 있겠지만, 하나님의 음성이라는 관점에서 이 사건을 바라본다면 여기에 중요한 두 가지 포인트가 있다고 생각합니다. 첫 번째는 모세의 내면의 문제, 곧 분노이고, 두 번째는 그 분노로 인한 모세의 행동 왜곡, 혹은 지나치게 과한 반응이 하나님의 거룩함을 훼손한 것입니다.

하나님의 음성을 듣는 모세에게 가장 중요한 부분 중 하나는 그의 내면 상태입니다. 그가 쉽게 분노하는 사람이라는 것은 이집트에서 히브리인을 괴롭힌 이집트 사람을 쳐 죽이고 모래 속에 감춘 장면을 통해서도 알 수 있습니다(참조, 출 2장). 내면에 분노가 있는 상태에서는 하나님의 음성을 듣고도 왜곡할 확률이 높습니다. 내 감정과 생각이 하나님의 뜻과 마음을 올바로 판단하기 어렵게 만들기 때문입니다. 그러나 여기서 멈추는 것이 아닙니다. 모세의 분노는 그다음 행동으로도 이어지는데, 바로 반석을 두 번 친 사건입니다.

사실 반석을 두 번을 치든, 열 번을 치든 그것이 중요한 것이 아니라, 그로 인해서 파생된 결과가 중요합니다. 성경은 이를 어떻게 묘사합니까? 민수기 20장 11절에서 '물이 많이 솟아 나오므로'라고 설명합니다. 이것이 왜 잘못되었을까요? 하나님은 단 한 번도 광야의 삶을 살아가는 이들에게 넘치고 남는 것을 주신 일이 없습니다. 만나와 메추라기를 주실 때도 딱 먹을 수 있는 분량만 주시고 남는 것은 모두 썩게 하셨습니다. 그것이 하나님의 뜻입니다. 내가 넘치게 먹고 마시면 누군가는 부족해집니다. 모세의 분노가 불러온 결과는 결국 하나님의 기준을 훼손한 것입니다. 하나님은 반석에서 물을 내라고 하셨지, 많이 솟아나게 하라고 하지 않으셨습니다.

또한 이 말씀을 묵상하는데, '물이 많이 솟아 나오므로'라는 구절이 '모세의 분노가 많이 솟아 나오므로'라는 말씀으로 읽혔습니다. 곧 물이 많이 나왔다는 것이 지금 모세의 내면 상태를 보여주고 있다는 것입니다. 정말 그렇다면 이스라엘 백성 앞에서 모세는 제대로 하나님의 거룩을 훼손한 것입니다.

만약 모세의 내면 상태가 온전했다면 그렇게 과한 반응을 불러왔을까요? 아닙니다. 절대 그러지 않았을 것입니다. 그러나 불안정한 상태, 곧 내면의 분노가 결국 이런 참사를 불러왔습니다.

하나님의 음성을 들을 때 우리의 내면 상태가 얼마나 중요한지에 대해 다시 한 번 깊이 생각해야 합니다. 그리고 그 음성에 반응하는 나의 태도, 나의 모습을 점검해보아야 합니다. 지금 나의 일상은 안녕하다고 말할 수 있을지도 모르겠지만, 내면에서 어떠한 일들이 일어나고 있는지는 모를 수 있습니다. 분노와 억울함, 서러움과 외로움이 일어나고 있음에도 그것을 오히려 묵살하고 있을 수도 있습니다. 하나님의 음성을 담아야 하는 그릇이 나의 마음의 상태, 내면의 문제라면, 그것의 변화를 위해 부단히 노력해야 합니다.

- 다음의 질문들을 생각하면서 오늘 나에게 들리는 하나님의 음성에 집중해봅시다.
  - 분명한 하나님의 음성임에도 의도적으로 회피하지는 않았습니까?
  - 하나님의 음성이 내 방법과 뜻에 맞지 않는다고 축소하거나 왜곡해서 반응하지는 않았습니까?
  - 하나님의 음성을 모른척하지는 않았습니까?
  - 하나님이 원하시는 수준보다 오히려 과한 열정으로 반응하지는 않았습니까?

기도

주님, 우리는 때로 과한 열정으로 하나님의 의(義)를 가리는 경우가 많이 있었습니다. 특히, 여전히 다스리지 못하는 내면의 분노로 인해 너무도 고통스럽습니다. 하나님, 우리가 영적으로 민감해질수록, 하나님의 음성이 잘 들릴수록 내면의 분노를 잘 다스릴 수 있는 인격을 허락하옵소서. 하나님의 사람다운 인격을 허락하옵소서.

나의 언어로 기도해보세요.

예수님의 이름으로 기도드립니다. 아멘.

Practice

하나님의 음성을 실천하라

하나님의 음성에 대한 우리의 내면을 정리(order)했다면, 이제는 하나님의 음성을 삶의 자리에서 실천하며 살아가야 합니다. 신앙이라는 것은 결국 말씀이 내 안에 실재(實在)가 되고, 그것이 삶으로 드러나야 온전한 신앙의 여정이라고 말할 수 있습니다.

마태복음 5-7장에 나오는, 소위 '산상수훈'(山上垂訓)이라는 예수님의 가르침은 우리에게 익숙한 말씀입니다. 이 산상수훈의 말씀에는 "심령이 가난한 자는 복이 있나니"로 시작하는 팔복의 말씀만 있는 것이 아닙니다. 세상의 빛과 소금이 되어야 한다는 것에 대해, 율법에 대해, 분노와 간음, 맹세하는 것에 대해, 악한 자를 대적하지 말아야 함에 대해, 원수를 사랑하는 것에 대해, 구제에 대해, 기도에 대해, 금식에 대해, 헌금에 대해, 비판하는 것에 대한 주님의 가르침이 나옵니다. 그런데 예수님은 마태복음 7장에서 이 모든 가르침을 마무리하시며 이렇게 말씀하십니다. 이 말씀은 우리에게 너무도 중요합니다.

나더러 주여 주여 하는 자마다 다 천국에 들어갈 것이 아니요 다만
하늘에 계신 내 아버지의 뜻대로 행하는 자라야 들어가리라 마 7:21

예수님이 귀한 가르침을 마무리하시며 그들에게 당부하신 말씀은
"행하라"였습니다. 곧 "너희가 들은 이 가르침을 삶으로 실천하라"
라는 것입니다. 그렇지 않으면 하나님과 아무 상관이 없는 자가 된
다고 말씀하십니다. 우리는 이 말씀을 두렵고 떨리는 마음으로 받
아야 합니다.

기독교는 철저히 행하는 종교, 실천하는 종교입니다. 하나님의 말
씀이 내 안에 들리는 이유는 알고만 있으라는 것이 아닙니다. 들리
는 대로, 알고 있는 그대로, 깨닫는 그대로 삶에 적용해서 실천하며
살라는 것입니다. 예수를 믿는 것이 쉬운 것 같지만, 절대 쉽지 않은
이유입니다.

예수님이 "생명으로 인도하는 문은 그 길이 협착하고 좁아서 찾는
이가 적다"(마 7:13,14)라고 말씀하신 까닭이 바로 이 때문입니다. 우
리는 예수님을 믿는 이 삶을 더 쉽고 편하게 만들 수 있습니다. 시간
이 되면 교회 오고, 습관적으로 예배를 드리고, 헌금하고, 시간이 지
나면서 직분을 받는 그런 신앙생활을 하면 충분히 다른 이들에게 그
럴싸한 모습으로 보일 수 있습니다. 그러나 그것은 종교 생활일 뿐

주님이 말씀하시는 생명으로 들어가는 좁고 협착한 신앙의 여정은 아닙니다. 예수님이 우리에게 요청하시는 제자의 삶은 나를 부인하고 날마다 내 십자가를 지고 주님을 따르는 삶이기 때문입니다.

교회 안에는 바리새인처럼 철저히 율법을 준수하면서 지내는 크리스천도 있고, 서기관과 같이 말씀에 파묻혀 지내는 이들도 있고, 장로들과 같이 교회의 전통을 지키며 예수를 믿는 이들도 있습니다. 그러나 예수님은 그들의 신앙 모습을 옳다고만 말씀하지 않으셨습니다. 왜 그렇습니까? 바로 '하나님 사랑, 이웃 사랑' 때문입니다. 마음을 다하고 목숨을 다하고 뜻을 다해 하나님을 사랑하고, 또 하나님을 그렇게 사랑하는 것처럼 이웃을 사랑하라(마 22:37-39)는 예수님의 가르침 때문입니다.

개인적으로, 저는 예수님의 가르침의 핵심은 '하나님 사랑, 이웃 사랑'의 아홉 글자에 담겨 있다고 생각합니다. 이것이 우리 신앙의 본질입니다. 치열하게 율법과 씨름하지만, 과연 그곳에 하나님을 사랑하고 이웃을 사랑하는 마음이 담겨 있는가의 문제입니다. 말씀을 파고들며 연구하지만, 그 말씀에 본질적으로 하나님 사랑, 이웃 사랑의 감동이 있는가의 문제입니다. 교회의 전통을 지키고 세우지만, 그 목적이 하나님을 사랑하고, 또 이웃을 사랑하는 것에 있는가의 문제입니다.

본질을 잃어버리고 신앙생활하는 자들을 향해 주님은 '외식하는 자'라고 말씀하십니다. 하나님의 음성은 신앙의 본질, 믿음의 본질에 대한 말씀입니다. 그러므로 우리는 하나님의 음성을 올바로 분별하고, 그 음성을 삶에서 실천하려고 몸부림쳐야 합니다. 이것이 바로 좁은 길, 생명으로 인도하는 문으로 향하는 신앙의 여정이 아닐까요?

기독교의 암흑기라고 말하는 이 시대에 과연 우리에게 소망이 있느냐고 물어본다면, 저는 여전히 소망은 있다고 선포하고 싶습니다. 목회자의 타락과 교회의 이율배반적인 모습이 세상의 손가락질을 받고 있지만, 여전히 하나님 사랑, 이웃 사랑이라는 신앙의 본질을 추구하며 삶에서 치열하게 살아가는 제자들, 하나님의 사람들이 곳곳에 있기 때문입니다. 아직은 이들로 인해서 세상의 조롱과 핍박, 손가락질을 버틸 힘이 남아있습니다만, 이대로라면 얼마 지나지 않아 최후방어선까지 무너지지 않을까 하는 두렵고 떨리는 마음도 있습니다.

그래서 세상에 끌려가듯 살아가고 있는 수많은 성도에게 이 협착하고 좁은 길, 좁은 문으로 가는 여정에 함께할 것을 간곡히 요청합니다. 우리에게 말씀하시는 그 하나님의 음성에 집중하며 그 거룩의 삶을 일상에서 살아내는 우리 성도들이 되길 소망해봅니다.

특히, 청년은 어느 시대에나 연약한 존재였습니다. 불안정한 시대에 불안정한 삶을 살고 있으니, 어느 시대나 청년은 그렇게 위로, 아래로 끼어 있는 연약하고 소외된 자들입니다. 그러나 이렇게 연약한 이들이 가지고 있는 힘과 용기가 모여질 때, 얼마나 무서운 변화를 가져오는지 우리는 역사를 통해서 발견합니다. 일제에 대한 독립운동에는 항상 청년이 존재했습니다. 한국 전쟁에서 이 나라를 위해 피흘린 이들은 청년이었습니다. 민주화 물결 속에서 군인들의 군화에 짓밟히면서 자유와 민주주의를 수호하고자 외친 이들은 모두 청년이었습니다. 독재 정권과 마주하여 싸우던 이들도 청년이었고, 나라에 위기가 닥칠 때마다 일어섰던 이들은 청년이었습니다.

청년에게는 그런 잠재력이 있습니다. 시대가 어둡다 하여 청년들까지 포기하면 아무 희망이 보이지 않습니다. 그러나 청년들이 움직이고 정신을 차리면 꺼져가는 희망의 불씨를 살릴 수 있습니다. 그리고 거기에 크리스천 청년들이 있으니 소망을 가질 수 있지 않을까요? 우리의 자녀들, 청년들은 "희망이 없다"라고 말하는 이 시대에 여전히 한 줄기 희망의 되어 줄 수 있는 유일한 존재들입니다. 지금은 철부지 세상 물정 모르는 아이로 보일지 모르지만, 시간은 이들을 어른으로 자라게 해줍니다. 그러므로 이들에게 투자해야 합니다.

세상에서 가장 가치 있는 주식, 펀드는 바로 청년, 다음세대 자녀들입니다. 무한대의 성장 잠재력이 이들에게 있습니다. 내 울타리에 있는 자녀에게 투자하십시오. 그들에게 말씀을 먹이고, 기도를 가르치고, 하나님의 음성을 들려주십시오. 그리고 하나님의 사람으로서의 인격을 가르치십시오.

인격은 '사람으로서 가지는 품격'이라 했습니다. 가장 좋은 인성 교육은 내가 본보기가 되어 주는 것입니다. 우리 주께서 하나님의 사람이 어떻게 살아야 하는지 그 삶을 제자들에게 보여주셨듯이 내가 우리의 자녀들에게 보여주어야 합니다. 예수님이 우리에게 말씀하고 가르쳐주신 하나님 사랑, 이웃 사랑을 가르치십시오. 성령께서 우리와 늘 동행하시기에, 그분께서 우리의 삶에 길을 내어주실 것입니다.

과제

• 하나님 사랑, 이웃 사랑. 예수님이 우리에게 말씀하고 가르치신 이 아홉 글자를 우리가 어떻게 삶으로 살아낼 수 있을지를 묵상하고 고민해봅시다. 구체적으로 내 삶의 자리, 매일의 삶에서 어떻게 하나님 사랑, 이웃 사랑을 실천할 수 있을지를 적어보고 도전해봅시다.

기도

주님, 하나님나라의 가치관이 '하나님 사랑, 이웃 사랑'에 담겨 있음을 고백합니다. 우리가 하나님을 사랑하듯, 그리고 하나님이 우리를 사랑하시듯, 매일 만나는 이들을 향한 제 사랑의 마음이 더욱 자라나게 도와주십시오. 주께서 허락하시는 그 음성에 따라 제 손과 발을 움직이게 하옵소서.

나의 언어로 기도해보세요.

예수님의 이름으로 기도드립니다. 아멘.

Quiet
잠잠히 주님을 바라라

시편 62편에서 시인은 자신의 영혼이 잠잠히 하나님만 바라본다
고 고백합니다.

> 나의 영혼이 잠잠히 하나님만 바람이여 나의 구원이 그에게서 나오는
> 도다 … 나의 영혼아 잠잠히 하나님만 바라라 무릇 나의 소망이 그
> 로부터 나오는도다 시 62:1,5

여기에 사용된 '잠잠히'라는 단어의 히브리어 원어는 '다맘'(da-
mam)이라는 단어에서 파생했는데, 여기에는 단순히 '잠잠하다'(be
silent)라는 뜻만 아니라 '기다리다'(be still)라는 뜻도 포함되어 있습
니다. 즉 시편 62편의 시인이 고백하는 것은 '나의 영혼이 지금 하나
님을 잠잠히 기다리고 있다'라는 것입니다. 그 이유는 오직 우리에게
유효한 구원과 소망의 출처가 하나님이시기 때문입니다.

이 사실을 아는 것은 쉽습니다. 그러나 인정하고 삶으로 막상 실천하기는 그리 쉽지 않습니다. 그 이유는 우리가 잠잠히 기다리는 하나님이 눈에 보이지 않고, 우리 삶에서 드러나시지 않기 때문입니다. 그분이 행하시는 구원과 소망은 더욱 우리에게 보이지 않습니다.

우리는 가시적인 동물이기 때문에 눈에 보이고, 들리고, 만지는 것에 더 신뢰를 둡니다. 우리의 본능일 수 있지만, 그러나 그것이 항상 옳다고 여길 수 없습니다. 우리는 눈에 보이는 것을 추구하는 존재인 동시에 영혼(soul)을 지닌 영적인 존재(Spiritual being)이기 때문입니다. 우리의 영혼도 당연히 우리의 눈에 보이지 않습니다. 그러나 그 영혼은 보이지 않는 하나님을 바라볼 수 있는 눈을 가졌습니다. 그것을 영적인 눈이라 부릅니다.

육체의 눈이 하나님을 볼 수는 없지만, 우리의 영적인 눈은 항상 그분을 향할 수 있습니다. 그래서 시편의 저자는 "나의 영혼이 하나님만 바라본다"라고 고백합니다. 그냥 바라보는 것이 아니라, 잠잠히 그분을 기다리는 것입니다. 그렇다면 왜 하나님을 기다리며, 구하고, 찾는 것일까요? 바로 그분의 음성을 듣기 위함입니다. 기도라는 것은 결국 하나님의 음성을 듣는 것으로 마쳐야 온전한 기도가 됩니다. 내가 하고 싶은 말만 하는 것은 엄밀히 말해 '기도'라고 할 수 없습니다.

한국 교회의 독특한 문화이자 영적인 무기 중 하나로 통성기도가 있습니다. 통성기도는 한국인의 '한'(恨)이라는 정서가 만들어낸 것으로, 마치 광야의 울부짖음 같습니다. 광야라는 곳은 울부짖기에 가장 좋은 장소인 동시에, 우리가 하나님의 음성을 들을 수 있는 가장 완벽한 장소이기도 합니다. 우리는 이 광야 속에서 한을 토하듯 울부짖는 것에 익숙합니다. '제발 억울하고 답답한 내 이야기를 좀 들어 달라'라는 것입니다. 하나님은 언제든지 우리의 울부짖음을 들어주십니다. 그러나 그 울부짖음이 마친 후에는 우리도 그분의 음성을 들어야 합니다.

가장 고요하며, 가장 집중을 잘 할 수 있는 곳이 광야 아닙니까? 그런데 우리는 그 광야에서 듣기를 포기하거나 주저하는 경우가 많습니다. 이때 우리에게 요구되는 자세가 바로 '잠잠히'입니다. 주님의 음성을 기다리면서 우리는 모든 소음을 차단하고, 요동치는 우리 내면의 음성을 뒤로하고, 하나님의 음성만을 기다리는 것입니다. 가장 고요할 때, 가장 우리의 온몸에 힘을 뺄 때, 바로 이때가 우리의 영혼이 가장 민감하게 반응하는 때입니다.

시끄럽고 복잡한 광야 가운데서 우리가 어떻게 이런 광야를 경험할 수 있을까요? 바로 골방입니다. 매일 머무는 곳, 매일 내가 지나는 곳, 시간을 제일 많이 보내는 곳, 그곳에 나의 골방을 만드는 것입니다. 나의 광야를 준비하는 것입니다. 화장실이든, 차 안이든, 사무실 책상이든, 버스 안이든, 지하철 안이든, 혹은 출근 전 들리는 새벽기도회이든, 우리는 어느 한 곳을 나만의 광야로 만들 수 있습니다.

그곳에 앉을 때마다, 그곳에서 시간을 보낼 때마다 '잠잠히' 하나님을 바라보는 것입니다. 그분을 묵상하는 것입니다. 30초 만이라도, 1분, 3분, 5분 만이라도 우리의 온몸과 영혼이 하나님을 잠잠히 바라보는 것입니다. 이 얼마나 귀한 시간입니까?

이렇게 날마다 주님을 추구하며 하나님을 바라보는 연습을 하는 것, 그리고 그분의 음성을 듣는 훈련에 최선을 다해 참여하려는 노력이 하나님의 음성을 더욱 분명하고 깊이 들을 수 있도록 도와줄 것입니다.

• 내 골방, 내 광야를 정하고, 그곳을 나와 하나님만의 대화의 장소로 구별하십시오. 그곳에서 울부짖으십시오. 그리고 그 울부짖음 뒤에서 잠잠히 들려주시는 하나님의 음성에 귀를 기울이십시오. 주님은 '지금' '나'에게 말씀하고 싶어 하십니다. 주님은 '지금' '나'와 이야기하고 싶어 하십니다.

기도

주님, 저를 광야로 불러내주옵소서. 하나님과 독대할 수 있는 기도의 골방 찾기를 즐기게 하옵소서. 울부짖는 제 소리를 기억하옵소서. 이제 제 모든 감각을 잠잠히 하나님을 향해 집중합니다.

나의 언어로 기도해보세요.

예수님의 이름으로 기도드립니다. 아멘.

Relate
주님과 관계를 맺으라

"당신이 나와 무슨 상관이 있습니까?"

누가복음 8장에서 예수께 이렇게 물어보는 자는 갈릴리 맞은편 거라사 지방에 살던 귀신 들린 자입니다. 오랫동안 옷도 입지 않은 채도시에서 격리된 무덤가에서 살아가던 이 사람은 예수를 보고 부르짖으며 그 앞에 엎드려 큰소리로 외쳤습니다.

지극히 높으신 하나님의 아들 예수여 당신이 나와 무슨 상관이 있나이까 당신께 구하노니 나를 괴롭게 하지 마옵소서 눅 8:28

이 귀신 들린 자의 항변을 기록한 영어 성경(NIV)을 직역해보면 "가장 높으신 하나님의 아들 예수여, 당신께서 나와 함께하시고자 원하시는 것이 무엇입니까? 내가 당신께 간청하오니, 제발 나를 고문하지 마옵소서"라는 것입니다. 가만히 살펴보면, 영어 성경과 개정개역 성경의 번역 뉘앙스에 중요한 두 가지 차이가 있음을 발견할 수 있습니다.

첫째로 '당신이 나와 무슨 상관이 있느냐'의 번역이 영어 성경에서는 '나에게 원하는 것이 무엇이냐'라고 번역할 수 있다는 것, 둘째로 '나를 괴롭게 하지 마옵소서'라는 항변이 '나를 고문하지 마소서'라고 직역할 수 있다는 사실입니다. 사실 두 가지 차이는 서로 연결해서 설명될 수 있습니다.

귀신 들린 자의 삶은 '고문을 당하는 삶'이었습니다. 그는 귀신으로부터 고문 당하며 살아온 것입니다. 그 삶을 개정개역은 '괴로움'으로 표현했지만, 고문은 단순히 괴로움이라는 한 단어로만 설명할 수 있는 개념이 아닙니다. 괴로움은 고통, 절망, 외로움, 좌절, 분노 등의 감정의 복합체입니다. 이 사람이 관계하고 있던 존재는 다름 아닌 귀신이었습니다. 그의 내면을 지배하던 존재가 바로 귀신이었다는 것입니다. 이 사람은 그 귀신과의 관계를 끊고자 큰 소리로 예수를 불렀습니다.

예수님도 그를 보면서 '새로운 관계'를 맺고 싶으셨습니다. 이전에는 귀신과 관계하던 자였지만, 앞으로는 하나님의 아들 예수 그리스도를 만남으로 전혀 새로운 삶을 살게 하고 싶으셨습니다.

이러한 새로운 관계의 설정은 예수님이 우리에게 궁극적으로 요구하시는 부분입니다. 하나님의 음성을 듣고자 매일같이 노력하지만, 그것이 잘 되지 않는 이유 중 하나도 바로 하나님과의 관계 문제에 있습니다. 하나님은 계속해서 우리가 예수 그리스도께 속해 있기를 요청하십니다. 하나님과 단절되었던 관계의 회복이 오직 예수 그리스도를 통해서만 가능하기 때문입니다. 즉 예수를 통한 하나님과의 화해(reconciliation)입니다. 바울은 화해된 관계에 대해 이렇게 고백합니다.

> 곧 우리가 원수 되었을 때에 그의 아들의 죽으심으로 말미암아 하나님과 화목하게 되었은즉 화목하게 된 자로서는 더욱 그의 살아나심으로 말미암아 구원을 받을 것이니라 그뿐 아니라 이제 우리로 화목하게 하신 우리 주 예수 그리스도로 말미암아 하나님 안에서 또한 즐거워하느니라 롬 5:10,11

거라사 광인의 과거는 하나님과 원수 된 자, 곧 귀신에 의해 붙들림 받았었기에 하나님과의 관계가 단절되어 있었습니다. 그러나 그는 예수로 인해 하나님과의 관계(relationship)에서 다시 화해(reconciliation)를 경험합니다. 이런 영적 체질의 변화는 우리의 삶에도 영향을 줍니다. 곧 일상에 변화를 가져옵니다.

온전해진 거라사 광인이 예수의 발치에 앉아 말씀을 듣고 있는, 이전에는 상상할 수 없었던 그의 새로운 일상을 마주한 거라사 근방의 백성은 예수를 두려워하며 떠나주시길 간청했습니다. 거라사의 사람들이 지금 누구와 관계를 맺고 있는지 알 수 있는 장면입니다.

오히려 귀신이 떠난 사람은 거라사에서 떠나고자 하시는 예수님과 함께 있기를 구하지만, 예수님은 그를 돌려보내며 "하나님이 어떻게 큰일을 행하셨는지를 전하라"라고 부탁하셨습니다.

그는 정말로 주님을 따라가고 싶었을 것입니다. 새로운 삶, 새로운 생명을 주신 분이지 않습니까! 그러나 그는 주님이 말씀하신 대로 성 안으로 들어가 예수께서 하신 일을 온 성내에 전파했습니다. 그 안에 귀신이 아닌, 하나님의 음성이 들린 것입니다. 하나님의 음성은 분명했습니다.

"가서 하나님이 어떻게 너에게 큰일을 행하셨는지를 전하라."

그 스스로가 복음이 된 것입니다. 그는 스스로 하나님 음성의 증거가 되었습니다.

우리는 어떻습니까? 이 땅에서도 하나님의 음성에 이끌리어 살아가는 하나님의 사람으로 살아가고 싶습니까? 그렇다면 먼저 우리의 관계들을 점검해야 합니다. 우리를 옭아매고 있는 세상의 쇠사슬이 있다면, 그 관계들을 끊어내야 합니다. 우리가 예수의 이름으로 내 안에서 나를 고문하며 힘겹게 하는 것들을 끊고자 몸부림칠 때 하나님이 음성을 통해 우리를 자유롭게, 새롭게, 풍성하게 하심을 경험하게 될 것입니다.

• 내 안에서 나를 고문하고 있는 것들, 나를 힘들게 짓누르고 있는 것들은 무엇인지 점검해보십시오. 과거의 상처, 관계의 문제, 자존감, 열등감의 문제, 재정의 문제, 취업과 결혼의 문제, 가족의 문제, 직장의 문제 등, 지금 하나님의 음성을 듣지 못하도록 나를 고문하고 있는 것들은 무엇인지 적어봅시다.

_____

_____

_____

_____

• 그동안 나를 고문하고 짓누르던 사슬들이 끊어질 수 있도록 기도하는 시간을 가지십시오. 하나님과 단절을 가져오던 것들이 여전히 남아 있다면, 이 시간 나에게서 떠나가도록 예수 그리스도의 이름으로 선포하시기 바랍니다. 다음의 기도를 따라 선포하고, 나의 선포를 적어봅시다.
"내가 나사렛 예수 그리스도의 이름으로 명하노니, 나를 얽어매던 모든 사슬은 지금 이 시간 풀어질지어다. 떠나갈지어다."

_____

_____

_____

_____

주님, 그동안 관계하던 모든 사슬에서 놓여나기를 기도합니다. 저를 고문하던 것들, 저를 짓누르던 모든 것들이 이 시간 예수의 이름으로 떠나가게 하옵소서.

나의 언어로 기도해보세요.

_____

_____

_____

_____

예수님의 이름으로 기도드립니다. 아멘.

Spiritualize

하나님의 음성으로 정화되라

'Spiritualize'라는 단어는 우리가 '영성'이라고 말하는 'spiritual-ity'라는 단어의 동사형입니다. 크리스천들에게 '영적인 상태'를 의미하는 '영성'은 '하나님에 대한 민감성'이라고 이해해도 무방할 것입니다. 우리가 얼마나 하나님의 음성에 민감하게 반응하고, 하나님의 임재에 대해 민감한지를 매 순간 점검하는 것이 바로 영성입니다.

그러면 영성(spirituality)이라는 단어의 동사형 'spiritualize'가 '정화되다'라는 의미가 있다는 것은 우리에게 무슨 의미가 될까요? 하나님에 대한 민감성이 언제나 맑음이면 좋겠지만 현실적으로 그렇지 못하다는 사실을 우리는 너무 잘 알고 있습니다. 우리의 내면에 존재하고 있는 다양한 얼룩으로 인해서 우리의 영적 세포와 감각은 무뎌졌습니다. 여기에는 죄의 얼룩도 있지만, 내면의 상처나 감정의 기복 같은 다양한 얼룩들이 영향을 줍니다. 어느 한 가지 원인이나 이유가 우리의 영성, 곧 하나님에 대한 민감성을 떨어지게 하는 것이 아닙니다.

　최근 미세먼지로 인해서 대기의 질(air quality)이 좋지 않아 많은 어려움을 겪고 있습니다. 그러나 대기질이 좋지 않은 이유가 전적으로 미세먼지 때문은 아닙니다. 중국에서 불어오는 황사, 자동차와 공장의 매연, 각종 분진, 그리고 이 모든 것들을 흘려보내지 못하고 한반도에 머물게 하는 정체된 대기 등 많은 이유가 우리를 괴롭힙니다. 맑은 공기를 위해서는 이 모든 원인이 원활하게 흘러가야 합니다. 원활하게 흘러가는 것이 바로 정화되는 것입니다.

　정수가 되는 과정을 보더라도 약품처리와 침전, 여과 등의 과정이 있지만, 가장 중요한 것은 계속해서 물이 원활하게 흘러갈 수 있도록 하는 것입니다. 물이 흐르지 않으면 이런 정화의 과정은 아무 의미가 없습니다. 아니, 정화 자체가 불가능할 뿐만 아니라 오히려 더 오염되기도 합니다.

　우리의 영성도 같은 원리로 이해할 수 있습니다. 우리의 내면에 하나님에 대한 민감성을 둔하게 만드는 다양한 얼룩들이 존재한다면, 우리에게 하나님 음성 듣기가 어려워질 수밖에 없습니다. 계속해서 언급하지만, 우리가 침묵 기도를 해야 하는 이유는 우리의 내면에 들려오는 거짓 음성들을 구별하기 위함입니다. 하나님의 음성인 척 우리에게 들려오지만, 결코 하나님의 음성이 아닌 것들을 구별하기 위해서입니다. 결국, 우리의 온몸과 마음에 원활하게 흘러야 하는 것은 하나님의 말씀이어야만 합니다. 하나님의 말씀이 우리의 머리에서부터 발끝까지, 우리의 신경세포 하나하나에까지, 우리의 사고체계 구석구석으로 들어갈 수 있도록 원활하게 흘러야 합니다.

> 하나님의 말씀은 살아 있고 활력이 있어 좌우에 날선 어떤 검보다도 예리하여 혼과 영과 및 관절과 골수를 찔러 쪼개기까지 하며 또 마음의 생각과 뜻을 판단하나니 히 4:12

이 말씀은 하나님의 말씀이 우리 심령의 깊숙한 곳까지 얼마나 영향을 미치는지를 분명하게 가르치고 있습니다. 하나님의 말씀은 단순히 살아 있는 것만이 아닙니다. 능력이 있으며, 예리하고, 상한 심령의 구석까지 파고들어 치유하며, 우리가 외면하던 생각의 뿌리에까지 들어가 역사합니다.

> 지으신 것이 하나도 그 앞에 나타나지 않음이 없고 우리의 결산을 받으실 이의 눈앞에 만물이 벌거벗은 것 같이 드러나느니라 히 4:13

그러므로 하나님의 말씀 앞에서 드러나지 않는 것은 아무것도 없습니다. 그 말씀 안에서는 우리가 벌거벗은 것같이 다 드러날 수밖에 없습니다. 이것이 바로 정화되는 것입니다. 정수되는 과정에서 분비물이 떠오르고 침전물이 가라앉듯, 하나님의 말씀이 흘러 들어가는 곳에서는 그분의 음성을 방해하는 모든 것들이 밝히 드러나게 됩니다. 세상의 수많은 생각과 가치관들, 하나님의 방법이 아닌 것들, 하나님의 나라를 왜곡하고 부정하는 다양한 지식과 이해들은 하나님의 말씀이 지나가는 자리에서 가라앉거나 떠오릅니다. 우리는 그것들을 구별하여 쓰레기통에 버려야 합니다.

여기에서 잊지 말아야 할 중요한 사실이 하나 있습니다. 바로 하나님의 말씀이 원활하게 흐르지 않고 어느 한 곳에서 정체되면, 그곳에서부터 오염이 시작된다는 사실입니다. 살아 있고 활력 있는 하나님의 말씀이 어떻게 오염될 수 있을까요? 말이 되지 않지만, 실제로 이런 일들이 우리의 삶에서 나타나고 있습니다. 아니, 이미 팽배하게 퍼져 있습니다.

오염된다는 것은 불순물이 섞인다는 의미입니다. 하나님의 말씀이 원활하게 흐르지 않고 정체되면, 그곳에 불순물이 섞이게 되고, 오염이 시작되는 것입니다. 그렇다면 불순물이 무엇일까요? 세상과 벗하며 지낸 내 욕심, 내 생각, 내 방법, 내 감정, 내 지식입니다. 그리고 이것들은 하나님의 말씀을 '나' 중심으로 왜곡하고 내 멋대로 해석하게 합니다. 겉으로는 하나님의 말씀이라고 그럴싸하게 포장되어 있지만, 결국 하나님의 말씀을 내가 이용하는 것에 지나지 않습니다. 이런 일이 우리 주변에서 얼마나 비일비재하게 일어나고 있는지 모릅니다.

어떤 교회에서는 하나님의 축복만 이야기합니다. 물론 하나님은 우리를 축복하는 분이시지만, 축복만이 하나님을 설명할 수 있는 유일한 개념은 아닙니다. 어떤 교회에서는 하나님의 말씀을 성도들을 정죄하고 혼내는 채찍으로 사용합니다. 물론 하나님은 우리를 깨닫게 하시고 회개의 길로 인도하시기 위해서 말씀을 훈육과 징계의 방법으로 사용하시기도 합니다. 그러나 의도적으로 하나님의 말씀을 가지고 성도들을 채찍질할 때에는 다분히 그 안에 개인적인 감정이 섞여 있기 때문에 온전한 하나님의 뜻이라고 보기에는 아쉬움이 남습니다.

어느 교회에서는 개인의 사리사욕을 채우기 위해서 하나님의 말씀을 증거로 사용하기도 합니다. 성도들에게 헌금, 봉사, 전도를 강요할 때 하나님의 말씀보다 더 좋은 뒷받침 자료가 없기에 의도적으로 왜곡하고 무분별하게 사용합니다. 이러한 것들이 바로 하나님의 말씀이 정체될 때 불순물들이 섞여 오염되는 것입니다.

다시 한 번 강조하지만, 하나님의 말씀은 원활하게 흘러 우리 내면의 많은 얼룩을 정화하고 우리가 하나님께 더 민감하게 나아가도록 합니다. 그것은 말씀의 본래 목적이기도 합니다. 절대로 말씀의 본질을 왜곡해서는 안 됩니다. 이를 위해서는 하나님의 말씀이 우리 안에서 원활하게 흘러갈 수 있도록 부단히 몸부림쳐야 합니다. 나를 쳐서 복종시키며, 매일같이 내 안에서 하나님의 말씀이 영향을 미칠 수 있도록 노력해야 합니다. 하나님의 말씀을 매일 묵상하고, 그분의 음성을 들으며, 내 손과 발로 실천하는 데까지 나아가야 합니다.

건강한 신앙생활은 하나님에 대한 민감성이 내 삶으로 드러나는 것입니다. 우리는 이것을 추구하면서 끝까지 포기하지 말아야 합니다. 영적인 동맥경화를 조심하십시오. 내 안에 돌아다니는 영적인 염증들을 내버려두면 안 됩니다.

영적인 통증이 있습니까? 그렇다면 바로 그 원인을 밝혀 치료해야 합니다. 그렇지 않으면, 그 모든 얼룩이 우리와 하나님의 관계를 단절시키는 영적인 암 덩어리로 커져 버릴 것입니다. 그때는 이미 늦습니다. 회복된다 해도 너무 큰 고통이 수반됩니다. 지금 하나님의 말씀이 내 몸의 구석구석에 영향을 미치고 있는지 다시 한 번 점검해봅시다.

- 하나님의 음성에 얼마나 민감하게 반응하고 있는지 점검해보십시오. 하나님의 말씀이 내면 깊숙한 곳까지 울려 퍼지고 있습니까? 기도가 내면으로부터 정직하게 흘러나오고 있습니까? 하나님의 음성이 조금씩 분명해지고 있습니까? 하나님의 음성을 방해하는 영적인 염증들이 느껴지십니까?

_____

_____

_____

_____

기도

주님, 하나님의 음성이 내면 깊숙한 곳까지 들리기를 소망합니다. 죄의 얼룩이 지금 그 음성을 막고 있다면, 이 시간 성령께서 역사하여 주옵소서. 말씀을 묵상하는 가운데 살아 역사하시는 하나님의 뜻을 발견하게 하옵소서.

나의 언어로 기도해보세요. _____

_____

_____

_____

_____

예수님의 이름으로 기도드립니다. 아멘.

Test
자신을 시험하라

　　지금까지 하나님의 음성을 듣는 훈련을 따라오면서 변화를 경험
한 사람도 있고, 그렇지 못한 사람도 있을 것입니다. 그 차이는 이
훈련에 얼마나 집중했는지에 따른 것이라고 볼 수 있습니다. 변화가
있는 사람은 이 훈련을 매일 삶의 가장 중요한 위치에 놓았을 것입니
다. 무슨 일이 있더라도 주어진 분량의 훈련을 끝내겠다는 다짐으로
임했을 것입니다. 변화가 없는 사람은 매일 이 훈련을 감당하지 않
았을 것입니다. 훈련했다고 해도, 훈련의 모양만 따랐을 뿐 훈련의
깊은 본질까지는 들어가지 못한 것입니다. 훈련의 승패는 바로 '매
일, 날마다'의 영성에서 나타납니다.

　　만약 올림픽에 나갈 국가대표 선수들이 매일 훈련하지 않는다면,
어떤 결과가 주어지겠습니까? 깊이 생각하지 않아도 금방 추측할
수 있을 것입니다. 20세기 후반 클래식 음악계를 이끌었던 마에스트
로, 레너드 번스타인(Leonard Bernstein)은 이렇게 말했습니다.

"하루를 연습하지 않으면 내가 알고,

이틀을 연습하지 않으면 아내가 알고,

사흘을 연습하지 않으면 청중이 안다."

세계적인 거장의 이 한마디는 '매일, 날마다'의 훈련이 얼마나 중요한지 말해줍니다. 아무리 타고난 천재라고 해도 매일 훈련하는 연습벌레를 이기기 어렵습니다. 그것이 음악이든, 운동이든, 미술이든 모든 부분에서 날마다의 훈련이 가장 중요합니다. 영성훈련에서도 마찬가지입니다. 우리의 영성, 곧 하나님에 대한 민감성은 어쩌면 음악이나 운동, 미술보다도 날마다의 훈련이 꼭 필요합니다. 레너드 번스타인의 말을 이렇게 적용해보면 어떨까요?

"하루 말씀을 묵상하지 않으면 내가 알고,

이틀을 기도하지 않으면 가족이 알고,

사흘 동안 하나님의 음성을 듣지 못하면 세상이 안다."

반복해서 말하지만, 말씀 묵상과 기도는 하나님의 음성을 듣는 가장 필수적이며 기본적인 요소입니다. 하나님의 말씀이 없이 어떻게 하나님의 음성을 알 수 있겠으며, 기도가 없이 어떻게 하나님의 음성을 들을 수 있겠으며, 말씀을 묵상하지 않고 어떻게 내 안에 하나님의 음성을 들을 그릇을 준비할 수 있겠습니까? 우리는 날마다의 훈련으로 말씀과 기도를 삶의 중심으로 삼고 하나님의 음성에 더욱 민감해져야 합니다.

그런 의미에서 훈련이 끝나기 전에 우리의 영성을 한 번 돌아봅시다. 그 이유는 간단합니다. 만약 내 안에 하나님의 음성이 들리지 않는다면, 내 삶의 자리에서 하나님의 음성이 보이지 않고 들리지 않는다면, 어느 순간부터인가 이 훈련을 집중하지 않았다는 의미이기에 처음으로 돌아가서 다시 시작해야 합니다.

온전히 훈련하지 않은 채로 이 훈련을 끝내버린다면, 앞선 걸음들이 물거품으로 돌아갈 수도 있습니다. 차라리 지금이라도 다시 처음으로 돌아가 하나님의 음성 듣기 훈련을 시작하는 편이 더 유익할 것입니다. 이 훈련은 여러 번 반복할수록 우리에게 영적으로 유익한 선물을 가져다줄 것입니다. 그러므로 하나님의 음성을 듣는 이 거룩한 습관이 내 것이 될 때까지 반복해서 연습하기를 추천합니다. 혼자 하기 어렵다면, 그룹으로 훈련을 진행해보십시오. 은혜가 있을 것입니다.

우리는 스스로를 시험해야 합니다. 내 안에 하나님의 음성이 들리는지 시험해야 합니다. 바리새인들과 율법교사들은 예수를 곤경에 빠뜨리고자 시험했습니다(참조, 마 22장). 그러나 스스로를 시험하는 것은 우리를 곤경에 빠뜨리지 않습니다. 오히려 우리의 현재 영적 수준을 최대한 객관적으로 보고 판단해서 더 깊은 수렁에 빠지지 않도록 스스로를 보호하는 것입니다.

어떤 율법교사가 일어나 예수를 시험하여 이르되 선생님 내가 무엇을 하여야 영생을 얻으리이까 예수께서 이르시되 율법에 무엇이라 기록

되었으며 네가 어떻게 읽느냐 대답하여 이르되 네 마음을 다하며 목
숨을 다하며 힘을 다하며 뜻을 다하여 주 너의 하나님을 사랑하고
또한 네 이웃을 네 자신 같이 사랑하라 하였나이다 예수께서 이르시
되 네 대답이 옳도다 이를 행하라 그러면 살리라 하시니 그 사람이 자
기를 옳게 보이려고 예수께 여쭈오되 그러면 내 이웃이 누구니이까

눅 10:25-29

누가복음 10장에는 선한 사마리아인의 비유가 나옵니다. 그런데
이 비유는 율법교사가 예수를 곤경에 빠뜨리기 위해서 영생에 대해
질문하는 것으로부터 시작합니다. 이 율법교사는 자신의 지식과 수
준에서 예수를 넘어뜨리고자 질문을 던졌습니다. 그가 생각한 질문
은 "내가 무엇을 하여야 영생을 얻을 수 있습니까?"라는 것이었습니
다. 이 율법교사가 어떻게 하면 영생을 하는지 몰라서 물었을까요?
아닙니다. 그는 너무도 정확하게 알고 있었습니다. 바로 하나님 사
랑과 이웃 사랑입니다.

예수님은 그가 알고 있는 이 대답이 정답이라고 하셨습니다. 그리
고 덧붙여 말씀하셨습니다.

"이를 행하라. 그러면 살리라."

예수님은 이 율법교사에게 부족한 부분을 지적해주셨습니다. 영
생에 대한 개념도 알고 있고, 어떻게 하면 영생을 얻을 수 있는지 방
법도 알고 있지만, 그는 알고 있는 진리를 삶으로 실천하며 살지 않

았습니다. 조금 더 정확하게 말하자면, 그는 그가 살고 있는 일상, 그의 삶의 자리에서 영생을 얻고자 몸부림치지 않았습니다.

이 율법교사는 예수님의 대답에 스스로 옳게 보이기 위해 "그렇다면 누가 내 이웃입니까?"라고 질문했습니다. 그때 예수님이 하신 말씀이 선한 사마리아인의 비유입니다. 강도를 만나 죽을 지경인 사람을 보고 제사장도, 레위인도 지나갔지만, 사마리아인은 그를 여관으로 데려가 보살핌을 부탁했고, 돈이 더 들면 나중에 와서 주겠다고 했습니다.

"누가 우리의 이웃인가?"

예수님의 이 질문은 결국 율법교사에게 "네가 매일 만나고 있는 이들에게 하나님 사랑, 이웃 사랑을 실천하라"라는 말씀이었습니다. 그들이 이 율법교사가 감당해야 할 이웃인 것입니다. 조금만 더 깊이 말씀을 묵상해보면, 예수님을 시험하고자 영생에 대해 질문한 율법교사에게 예수님이 이렇게 말씀하시는 것 같습니다.

"너는 나를 시험하고자 영생에 대해 질문했지만, 이제 너는 너 스스로를 시험해보아라. 너는 스스로 영생을 소유한 사람인지 시험해보아라. 너는 매일 만나는 이들을 통해 하나님 사랑과 이웃 사랑을 실천해서 영생을 소유할 기회들이 너무도 많았다. 그런데 어떻게 해야 영생을 소유할 수 있냐고 묻는 너를 보니 지금까지 너 스스로를 시험해본 적이 없구나. 이제 돌아가서 네 영생을 위해 네 매일의 삶의 자리에 보내주신 이웃에게 하나님의 사랑을 전하며 살아라."

우리가 구원을 받는 장소, 영생을 경험할 수 있는 장소는 내가 매일을 살아가는 삶의 자리입니다. 그리고 하나님은 그 삶의 자리에서 만나는 모든 이들에게 영생을 소유한 자답게 하나님 사랑, 이웃 사랑을 실천하며 살아가길 원하십니다.

그래서 하나님은 우리에게 매일 당신의 음성을 들려주십니다. 우리가 혹시라도 율법교사와 같이 매일 주어지는 그 기회들을 놓치고 있지는 않은지 스스로 돌아보게 하시고자 매 순간 당신의 음성을 우리에게 들려주십니다. 우리에게 이 음성이 들려야 합니다. 그렇지 않다면, 우리는 우리도 모르게 예수님을 시험하고자 했던 율법교사와 같이 하나님께 어리석은 질문을 하게 될지도 모릅니다.

하나님은 우리에게 살아 있는 당신의 음성을 매일, 매 순간 들려주십니다. 그러므로 스스로 그 음성이 들리는지 시험해봐야 합니다. 만약 하나님의 음성이 들리지 않는다면, 우리는 다시 돌아가야 합니다. 우리의 영성이 하나님에 대해 정말 민감해질 때까지, 계속해서 삶의 훈련을 유지해나가야 합니다.

그분의 음성이 잘 들리고 있을 때에도 그 음성을 삶으로 실천하며 살아가기 위해 일평생 부단히 노력하고 훈련해야 합니다. 그 훈련이 삶의 한 부분이자 너무도 당연한 습관이 되어야 합니다.

"주님 말씀하옵소서. 내가 듣겠나이다."

- 자신을 점검해보고, 만약 나에게 하나님의 음성이 들리지 않는다면 다시 처음으로 돌아가십시오. 힘들지라도 돌아가야 합니다. 그래야 하나님의 음성이 우리의 인생을 이끌게 됩니다. 혼자 하기 힘들면 그룹으로 진행해보시기 바랍니다.

기도

주님, 하나님의 음성 듣기 훈련을 통해 저에게 말씀하고자 하는 하나님의 마음을 조금이나마 알았습니다. 너무도 귀한 하나님의 음성을 삶 가운데서 절대 놓치지 않고 하나님나라를 세워나가는 데 쓰임 받는 자녀가 되게 하옵소서.

나의 언어로 기도해보세요.

예수님의 이름으로 기도드립니다. 아멘.

매일, 나를 새롭게 하라

우리는 지금까지 하나님의 음성을 듣기 위한 영적 원리 20가지(A-T)를 훈련했습니다. 이제부터는 하나님의 음성을 경험하기 위해 우리의 감각을 매일 새롭게 해나가야 합니다.

크리스천에게 '간증'(testimony)이라는 것은 내가 경험한 살아 계신 하나님에 대해 나누는 것입니다. 하나님은 다양한 간증을 통해 당신의 살아 계심을 보여주십니다. 우리는 고난 가운데서 일어선 크리스천들의 간증을 들으며 감동을 받고, 그렇게 역사하신 하나님을 찬양하며 눈물을 흘립니다. 간증은 정말 소중한 하나님 이야기입니다. 그러나 그 간증은 내 것이 아닙니다. 간증을 하는 그 사람이 경험한 하나님의 이야기, 즉 그 사람의 이야기입니다. 헷갈리면 안 됩니다.

이렇게 질문해봅시다. 그들이 고통 가운데서, 절박함 가운데서 하나님의 살아 계심을 경험하는 동안 나는 무엇을 하고 있었을까요? 만약 하나님이 고난과 고통 가운데 있는 이들에게만 나타나고 역사하는 분이시라면, 우리는 모두 일부러 고난을 경험해야 할 것입니다. 적어도 크리스천이라면 그래야 할 것입니다. 하나님을 만나기 위해서 무엇이든 못하겠습니까?

하지만 정말 그 길뿐일까요? 우리의 간증 수준을 고난과 고통 가운데서 역사하시는 하나님으로만 국한하지 맙시다. 큰 고난 없이 평범하게 살아온, 그러나 정말 하나님을 잘 믿으며 살아온 크리스천들에게 간증하라고 하면, 자기의 하루하루는 그저 평범했다면서 하나님을 경험한 간증을 잘 하지 못합니다. 그러나 이것은 간증이 없는 것이 아닙니다. 그 자체가 이미 엄청난 간증입니다.

이 세상에서 우리를 유혹하는 것들이 얼마나 많습니까? 청년의 때에 하나님을 떠나게 만드는 것이 얼마나 많습니까? 중·고등학교에 다니면서 대학교를 하나님보다 높게 생각하며 살아가는 이들이 얼마나 많습니까? 그럼에도 죄인인 우리가 어떻게 지금까지 하나님을 믿을 수 있었습니까?

2016년 통계청 자료에 따르면, 우리나라에서 스스로 목숨을 끊은 사람이 1년에 1만 3천 92명이었다고 합니다. 하루 평균 36명, 40분마다 1명이 '자살'이란 극단적인 선택을 했다는 말입니다. 자살 시도자는 그보다 훨씬 더 많습니다. 이런 현실 속에서 평범하게, 매주일 교회에 나와 예배드리며 살아왔다는 것 자체가 정말 엄청난 간증거리입니다.

우리는 이미 고난과 고통의 세상을 견디며 살아가고 있습니다. 만약 하나님이 없었다면, 우리는 이미 세상이라는 파도에 휩쓸려 저 멀리 어딘가에서 허우적거리며 살아가고 있을 것입니다. 그러나 우리는 절대 무너지지 않는 '예수'라는 등대, '십자가'라는 닻을 잡고 살아가고 있습니다. 칠흑같이 어두운 '세상'이라는 바다에서 예수 그리스도는 우리가 바라보고 나아갈 빛이 되어주시며, '십자가'는 어디로 휩쓸려 갈지 모르는 우리가 절대 떠내려가지 못하도록 단단히 붙잡아줍니다. 이것이 우리의 진정한 간증입니다.

왜 아직도 중학교, 고등학교 때 수련회에서 만난 하나님만 기억하고 있습니까? 그 수준에서 벗어나십시오. 대신 지금도 매일 나와 동행하시는 하나님의 음성에 귀를 기울이십시오. 하나님의 음성을 매일의 간증으로 고백해보십시오.

다른 이들의 간증에 우리의 감각을 너무 많이 노출시키지 않기를 바랍니다. 그들의 간증이 은혜가 되고, 감동도 있겠지만, 사탄은 이런 것들을 통해서도 틈을 비집고 들어와 미혹합니다.

"너는 저렇게 못 살잖아!"

"너에게는 저 정도의 믿음이 없잖아!"

"너는 저런 고통이 오면 예수님이 아니라 세상의 방법을 의지할 거야!"

"너라면 절대 버티지 못해!"

사탄은 계속해서 나를 다른 사람들의 신앙, 경험, 간증의 비교 대상으로 몰고 갑니다. 신앙생활을 하면서 비교하게 만드는 모든 것은 사탄의 미혹입니다. 하나님은 간증이나 모범이 된 다른 이들의 신앙생활을 통해 우리에게 도전하게 하시지, 우리를 비교의 대상으로 삼아 루저(looser, 패배자)로 만들지 않으십니다. 따라서 우리에게 정말 필요한 것은 매일의 삶에서 우리에게 주어지는 하나님의 음성입니다. 이보다 더 좋은 간증, 살아 있는 간증은 없습니다. 그 간증이 쌓이면 영성이 되고, 그것이 하나님에 대해 민감하게 반응하는 우리의 자랑이 됩니다.

그러므로 나의 간증을 만들어야 합니다. 매일의 묵상 가운데 들리는 하나님의 음성을 따름으로, 내 삶에서 일어나는 수많은 이야기들이 하나님의 일하심을 고백하는 간증이 되게 하는 것입니다.

하나님의 음성 듣기를 훈련했다면, 이미 20가지의 간증이 만들어져 있습니다. 우리가 해온 훈련을 다시 집중해서 읽어보십시오. 바로 그곳에 나를 향한 하나님의 음성이 숨어 있습니다. 그 음성은 다른 이들을 위한 음성이 아니라, 나만을 위한 음성입니다. 그 음성이 나를 살리고, 그 음성이 나를 진정한 크리스천으로 살아가게 도와줍니다.

우리는 절대 혼자가 아닙니다. 나는 매일 하나님과 동행합니다. 매일 내 간증은 새롭게 갱신됩니다. 그럴 수밖에 없습니다. 하나님의 음성은 내가 그분을 바라보고 주목하는 그 순간 분명하게 들리기 때문입니다. 하나님은 끊임없이 나에게 말씀하십니다.

하나님의 음성 듣기 훈련은 그렇게 매일 새롭게, 날마다 나에게 새롭게 말씀하시는 하나님을 추구하는 훈련입니다. 그 음성에 민감하게 반응하게 하는 훈련입니다. 이 훈련이 내 삶의 습관이 된다면, 우리의 삶은 사탄이 감히 미혹하지 못하는, 세상이 감당하지 못하는 크리스천의 삶이 될 것입니다.

기대하십시오. 하나님을 기대하고, 매일 더 깊어지는 나의 간증, 나의 영성을 기대하십시오. 그리고 하나님을 전적으로 신뢰하십시오. 하나님의 말씀을 의심하지 마십시오. 그분은 나보다 나를 더 잘 아는 분이시며, 내 문제와 상황을 뛰어넘어서 일하는 분이십니다. 세상의 그럴싸한 음성을 멀리하고, 하나님의 음성에만 귀를 기울이십시오.

그분이 지금 나에게 말씀하십니다.

"사랑하는 내 딸아, 사랑하는 내 아들아, 내가 너를 사랑한다."

참고한 책들

고든 맥도날드, 《내면세계의 질서와 영적성장》, IVP.

유기성, 《예수님의 사람》, 넥서스CROSS.

정호승, 《내 인생에 힘이 되어준 한마디》, 비채.

조경철, 《마태복음》, 대한기독교서회.

찰스 쉘던, 《예수님이라면 어떻게 하실까?》, 크리스챤다이제스트.

크리스티안 A. 슈바르츠, 《자연적 교회 성장》, NCD.

하정완, 《21일 침묵기도 연습하기》, 생명의말씀사.

하나님의 음성을 담다,
하나님의 발걸음을 닮다

하나님의 음성을 듣는 훈련의 마지막은 걷기 묵상, 곧 피정(避靜)을 떠나는 것입니다. 일상을 떠나서 하나님과 나만의 교제를 나눌 수 있는 시간을 구별해보는 것이지요.

물론, 매일의 삶에서 하나님의 음성을 듣는 것이 이 훈련의 궁극적인 목적입니다. 그러나 훈련의 과정으로서 내 일상이 얼마나 하나님의 음성을 듣는 기회들을 빼앗아가는지를 자각할 수 있도록 하는 것도 필요하다고 생각되었습니다. 매일 살아가는 장소, 일상생활을 떠나 하나님의 음성을 들어본다면 내 주변에 하나님의 음성을 듣기에 얼마나 많은 방해 요소가 있는지를 깨닫게 됩니다.

걷기 묵상은 하나님이 사람에게 주신 가장 기본적인 영성훈련입니다. 하나님은 당신께서 창조하신 이 땅을 사람에게 걷게 하셨습니다. 걷기는 가장 원초적인 노동입니다. 하나님은 사람에게 창조의 세계를 걷게 하심으로 노동을 시작하게 하셨으며, 생육하고 번성하는 일(창 1:22)에 집중하게 하셨습니다. 이 창조 세계를 맡기신 하나님은 우리의 두 발로 그 땅을 두루 다니며 하나님의 창조를 감탄하게 하셨고, 그곳을 책임지라 하셨습니다. 그러므로 걷기는 우리의 노동과 영성의 시작입니다.

> 내가 사망의 음침한 골짜기로 다닐지라도 해를 두려워하지 않을 것
> 은 주께서 나와 함께하심이라 주의 지팡이와 막대기가 나를 안위하시
> 나이다 시 23:4

제가 걷기 묵상을 하면서 가장 마음에 담고 싶은 하나님의 음성이 바로 시편 23편 4절의 말씀입니다. 그 이유는 제가 저를 믿을 수 없기 때문입니다. 제 생각과 방법, 본능이나 의지로 이 세상에서 제가 가고 싶은 곳을 향한다면, 아마도 그 발걸음은 음침한 골짜기 사이를 이리저리 다니며 죄를 짓는 저주의 발걸음이 될 것입니다. 세상의 화려하고 좋은 것, 그럴싸하고 기름진 것, 음란과 돈과 유흥의 재미가 있는 곳으로 향할지도 모릅니다. 당연히 그곳에서는 하나님의 음성을 들을 수가 없습니다.

그러나 제가 이 땅을 밟으면서 하나님과의 동행하심을 굳게 신뢰하고, 오늘도 제가 밟는 그 땅을 하나님이 창조하시고 제게 맡겨주신 사명의 현장이라고 믿기 때문에, 설령 제 현실이 사망의 음침한 골짜기를 다닌다 할지라도 제가 받을 환난과 핍박, 고난과 해를 두려워하지 않을 수 있습니다. 저에게만이 아니라 지금 이 글을 읽고 있는 분들 모두에게 마찬가지입니다.

하루하루가 버겁게만 느껴지는 분들이 계실 것입니다. 혹은 너무도 무의미한 하루, 지극히 평범한 하루를 살아내느라 삶의 의미에 대한 회의감을 가지고 계신 분들도 있을 것입니다. 예상하지 못한 문제들로 인해서 하루에도 수십 번씩 포기하고 싶은 순간이 있을 것입니다. 그냥 가만히 어딘가에 숨어버리고 싶은 분들이 있을 것입니다. 억울하고 서러운 대우를 받으면서 자존감이 무너지는 순간들의 연속일 수도 있습니다. 분노 위에 또 다른 분노가 쌓이는 순간들이 있을 것입니다. 그때가 바로 걸어야 할 때입니다.

사망의 음침한 골짜기 같은 그곳에서 빠져나와 걸어야 합니다. 그곳에 머물고만 있다면 우리에게는 두려움만 생길 뿐입니다. 그곳에서 움직여야 합니다. 용기를 내어 발자국을 떼면, 하나님이 우리의 호흡을 가다듬어주시고 손을 잡아주시며 우리를 토닥여주십니다. 하나님은 우리가 있는 곳이 어디든 상관없이 함께하십니다. 그곳이 사망의 음침한 골짜기든지 마른 뼈가 수북이 쌓여있는 죽음의 골짜기이든 피가 마를 것같이 살얼음판인 경쟁의 현장이든지 상관하지 않고 동행해주십니다. 그리고 "내가 너와 함께 있다"라는 당신의 음성을 들려주십니다.

이제는 우리가 그 하나님이 발걸음을 닮기 원합니다. 걷기 묵상은 하나님의 음성을 담기 위해서 우리와 늘 동행하시는 하나님의 발걸음을 닮아가는 여정입니다.

마지막으로, 하나님이 음성 듣기 훈련을 수료하고 걷기 묵상을 마친 한 자매의 간증을 나누고자 합니다. 이 자매의 간증을 읽으면서 제 가슴이 너무도 설렜습니다. 하나님의 음성 듣기 훈련을 통해서 하나님은 당신의 자녀에게 놀라운 말씀들을 들려주셨습니다. 그리고 지금까지 경험해보지 못한 하나님의 일하심과 만지심도 경험케 하셨습니다. 부족한 이 훈련을 통해서 하나님이 당신의 자녀들에게 말씀하셨다는 사실에 진심으로 감사했습니다.

"주님이 하실 무언가 또 있겠구나."

걷기 묵상을 위해 수도원을 향하는 마음속에 기대감이 몰려왔습니다. 사실 당시 저는 삶에서 하나님을 찾는 시간이 많지 않았습니다. 삶에 계속해서 어려운 일들이 생기고, 여기저기서 감당하기 힘든 일들이 터져 나왔기 때문입니다. 제 상황을 잘 알고 있는 친구가 제게 말했습니다. 이런 상황에서, 그런 마음으로 피정을 가서 기도와 묵상이 되겠냐고. 그런데 제 대답이 이전과는 다르게 나왔습니다.

"이럴 때니까 이런 시간이 필요한 거야. 주님이 행하실 일이 또 있으신가 봐."

불편한 마음을 안고 가는 제 마음에 예전과는 다른 기대감이 몰려왔습니다. 하나님의 음성 듣기 훈련을 통해 제 삶에서 가장 크게 변한 부분이 바로 이것입니다. 폭풍 속에서 잠잠하게 주를 보는 것, 고난 가운데 주님이 일하심이 보이는 것, 험한 골짜기에서 나를 안고 가시는 주님을 바라보는 것.

어떤 상황도 두렵지 않았습니다. 하나님의 타이밍이란 기가 막히기 때문이라는 사실을 경험했기 때문입니다.

'이 걷기 묵상을 통해 또 어떻게 나를 성장시키실까?'

수도원에 도착해서 훈련 중 받았던 은혜를 간단히 나누고 성찬에 참여했습니다. 그때 밖에서 새소리가 들렸습니다. 함께 들린 까마귀 소리에 시끄럽다는 생각밖에 안 들었습니다. 그때 목사님이 말씀하셨습니다. 밖에서 지저귀는 저 새소리가 하나님이 나를 사랑하신다는 소리로 들릴 때가 진짜라고.

'주님, 제게 그런 은혜를 주시옵소서.'

이렇게 기도하는 마음으로 걷기 시작했습니다. 처음으로 멈춘 곳에서 카드를 하나씩 뽑으라 하셨습니다. 목사님이 손 글씨로 써내려간 카드를 읽는데 이유 없이 눈물이 났습니다.

'주님의 딸이 여기 있습니다. 안아주세요.'

카드를 보며 고백의 기도를 올리는 순간 새소리가 들렸습니다. 별 감흥 없던 새소리가 "너를 사랑한다"라고 외치시는 주님의 음성으로 들렸습니다. 평소에 싫어서 피해만 다녔던 강렬한 햇살이 제 생명을 소생시키시는 주님의 손길로 느껴졌습니다. 손가락만한 큰 말벌이 내 귀에서 맴도는데, 평소라면 까무라치며 도망갔을 그 소리가 주님의 사랑 표현으로 느껴졌습니다. 피해가기 바빴을 산 중간중간의 거미줄도 주님이 저를 위해 만드신 만물 속에서의 사랑으로 보였습니다.

'왜 나는 그동안 이 많은 주님의 사랑 표현을 하나도 느끼지 못하고 살았을까?'

세상의 가치관 때문이었습니다. 피부에 좋지 않다는 햇빛, 물리면 아프다는 말벌, 꺼리게 되는 독의 상징 거미. 세상이 심어주었던 가치관들로 저는 정작 주님의 사랑 표현을 누리지 못하고 있었습니다. 저는 삶 속에서 세상의 가치관으로 가득 차 주님을 보지 못하고 있었습니다. 만물을 통해서 제게 사랑한다고 속삭이시는 주님이셨습니다. 제것을 비우니 그제야 주님의 음성이 들리기 시작했습니다. "제자들이 나아와 깨어 가로되 주여 주여 우리가 죽겠나이다"(눅 8:23).

제자들은 주님과 함께 있음에도 본인들이 누구와 있는지 알지 못했습니다. 이 말씀을 보며 '나는 내 삶 속에서 죽은 자인가, 산 자인가? 주님이 동행하고 계심에도 죽겠다고만 하고 있지는 않은가?' 묵상하게 되었습니다. 그때 주님의 음성이 들렸습니다.

'언제까지 죽은 자로 있겠는가? 내가 너와 함께한다.'

그 음성을 듣고는 '나는 누구와 동행하고 있는가? 그 사실을 정말 믿고 있는가? 풍랑에 집중하지 말자. 풍랑을 보고 두려워 떨지 말자. 오직 주님만, 오직 그분에게만 집중하자. 주님이 정말 살아 계시고 동행하신다'라고 생각하며 다시 걸었습니다.

처음에는 땅만 보였습니다. 땅을 보며 만물을 느꼈습니다. 그런데 풍랑 가운데 동행하셨던 주님을 만나자 어깨가 펴졌습니다. 하늘을 바라보고 숲을 보는 여유가 생겼습니다. 입가에 미소가 번졌습니다. 이 땅을 다스리라 하신 제 존재됨이 보였습니다. 이 땅은 제게 주신 하나님의 선물이었습니다. 풍랑이 잠잠해지자 나무가 보이고 하늘이 보였습니다. 저를 위해 창조하신 창조물들을 통해 저를 사랑한다고 속삭이시는 주님이 보였습니다.

'하나님이 내게 선물로 주신 이 아름다운 땅, 나는 왕입니다. 죽은 자에서 깨어날 때 나는 왕입니다.'

긴 오름 끝에 걷기 묵상을 끝내고 올라갔던 그 길을 천천히 내려왔습니다. 저에게는 내리막길에 대한 공포심이 있습니다. 여러 번 넘어지고 미끄러진 경험이 있던 터라 처음 내려갈 때 너무 무서웠습니다. 무섭다 보니 한 걸음도 내딛기 어려웠고, 이렇게 내려가다간 한 시간도 더 걸릴 것 같았습니다. 그 순간 멀리서 앞서가시던 목사님의 찬양 소리가 들렸습니다.

"주의 임재 안에 거하는 것, 주의 임재 안에 거하는 것."

땅을 향하고 있던 눈을 들어 하늘을 보았습니다. 그리고 한 걸음씩 내딛자 평지와 다르지 않았습니다. 땅만 보고 걸을 때는 가파른 내리막이었고 넘어질까, 미끄러질까 두려운 마음뿐이었습니다. 하지만 하늘을 보자 그저 걸음만 옮기면 되는 평지와 다를 것이 없었습니다.

'아, 내가 땅만 보고 있었구나. 내리막길이라는 어려움만 보고 있었구나. 두려운 마음만 가득 안은 채 발을 내딛고 있었구나.'

제가 보고 있었던 건 내리막길을 잘 못 내려가는 제 다리였습니다. 넘어질 거라는 두려움, 가파른 내리막이었습니다. 나라는 존재의 연약함, 세상이 심어준 가치관과 경험, 눈앞에 놓인 현실과 문제였습니다. 우리가 바라보아야 하는 것은 '나'라는 연약한 존재가 아니라 하나님이었습니다. 무서워만 보이는 세상이 아니라 함께 하시는 하나님이었습니다. 눈앞에 놓인 현실과 문제가 아니라 그 현실을 넘어 일하시는 하나님이었습니다.

'오직 예수만 생각하라. 오직 그분께만 집중하여 그분이 주시는 힘으로 살아내자!'

저는 확신합니다. 주님이 동행하시는 제 삶은 매일 기대가 넘치리라는 것을.

이제 책을 마무리하면서 두렵고 떨리는 마음으로 다시 한 번 기도합니다. 교회가 힘을 잃어가고, 크리스천이 세상 속에서 아무 힘과 능력이 없이 야성을 잃어버린 채로 살아가는 이 시대에, 다시 이 모든 것을 회복시키실 분은 하나님밖에 없다는 사실을 고백합니다. 우리를 부르신 분이 하나님이시기에, 부르신 그분께서 우리를 책임지십니다. 이 사실을 믿음으로 선포하며 하나님의 음성에 더욱 민감해지기를 소원합니다.

부족하지만 이 책을 통해서 하나님의 음성이 우리 가운데 들리고, 우리의 영성을 더욱 건강하게 하며, 영적인 민감함과 당당함이 우리에게 선물로 주어지길 소망해봅니다. 그래서 우리 모두의 삶의 자리가 하나님의 나라로 세워지는 은혜를 경험하기를 간절히 축원합니다.

하나님 음성 듣기 훈련 노트

Note			
날짜		**시간**	
기록장소		**누구와 함께 있었는가?**	하나님의 음성이 들릴 때, 누구와 함께 있었는지를 적어봅시다.

회개 Repent	하나님의 음성을 방해할 만한 나의 죄를 먼저 회개합니다. – – –
침묵 Quiet	침묵을 통해서 내면을 정화합니다. 떠오르는 나의 음성을 적어봅시다. – – –
묵상 말씀 Meditation	하루 종일 묵상하고 있는 말씀, 묵상의 내용을 적어봅시다. – – –

* 매일 이 노트에 하나님의 음성을 기록하고 나누어보십시오.
하루에 한 번이 아니라 하나님의 음성이 들리는 순간마다 기록하는 것도 좋습니다.

하나님의 음성 The Word of God	내 안에 들리는 하나님의 음성은 무엇입니까? - - -
실천 Practice	하나님의 음성에 따른 실천과제는 무엇입니까? - -
기도문 Prayer	기도문을 작성해봅시다.

하나님 음성 듣기 훈련 노트 작성 예시

Note			
날짜	3월 26일 (월)	시간	오후 5시 30분
기록장소	학원	누구와 함께 있었는가?	혼자
회개 Repent	내 못된 자아, 욕심, 내려놓지 못하는 많은 부분들을 회개한다. 말씀을 묵상하며 예수님의 뒤를 쫓는 삶을 살겠다고 결단하며, 인류의 회복이라는 큰 꿈도 꾸며 행복에 젖어 있었다. 하지만 그것도 잠시, 현실을 바라보자 또 내 못된 자아들이 올라온다. 작은 것에 섭섭함을 느끼고, 욕심을 부리게 되며, 감사보다는 불평불만이 앞선다. 내가 죽지 않은 것이다. 내 안에 욕망이 여전히 살아 있는 것이다. 그렇게 내가 죽어지도록, 내 못된 자아를 모두 내려놓을 수 있도록 기도했는데, 왜 변화가 없는가? 그렇게 기도했는데 왜 응답을 주지 않으시는가? 육신의 정욕이나 세상적 가치들을 추구하는 것도 아니고 진정한 크리스천이 되기 위해 나를 변화시켜 달라는 건데, 왜 안 들어주시는가? 이런 마음이 들자, 그동안 충만하다면서 뱉어냈던 내 고백과 묵상들, 나눔들이 부끄러워진다. 나는 왜 이리도 연약할까? 며칠 지났다고 또 세상적 가치관으로 돌아가 버리는가? 하나님의 음성 듣기를 시작하며 이런 마음들이 올라올 때마다 바로 주님께 묻고, 바로 마음을 다스린다. 그러면 괜찮다가도 또 금방 넘어진다. 과연 이게 변한 것인가? 어떻게 존재 자체의 변화가 가능한가? 그냥 자꾸 내 못된 자아가 올라오고, 욕심을 내는 내 모습이 싫었다. 묵상을 통해 무엇이 정답인지 알면서도 마음의 변화가 쉽지 않은 것도 싫었다. 그런 내 못난 자아를 회개한다. 세상적 가치관이 자리를 잡은, 쉽게 변화되지 않는 나를 회개한다.

침묵 Quiet	내 모든 육신적 생각과 욕심을 내려놓게 하소서. 내 생각을 주장해주시고 내 마음을 지켜주시옵소서. 나를 변화시켜 주소서.
묵상 말씀 Meditation	보통 음성 듣기 훈련 노트를 쓸 때는 마음이 다 정리된 후에 은혜 받은 내용을 썼다. 하지만 지금은 아니다. 여전히 마음은 불편하다. 불편한 채로 설교 한 편을 들었다. 설교에서 은혜 받은 내용과 묵상한 내용을 써내려 간다. 나는 내 인간적 연약함이 너무 싫다. 세상적이지 않으려 하고 세상과는 다른 크리스천이 되고 싶으나 그렇지 못한 모습이 싫다. 결국 나도 똑같다는 생각도 든다. 이 마음의 어려움을 어떻게 해야 할지 모르겠다. 어떤 삶의 문제가 아닌, 내 자아가 변화되지 않는 것이 가장 힘들다. 특별히 나쁜 짓을 한 것도, 죄를 지은 것도 아니다. 하지만 내 생각과 마음을 지키지 못했음에 마음이 너무 불편하다. 그렇게 묵상을 하고, 그렇게 음성을 들으며, 변화된 삶을 사는 것처럼 나누며 행복해하지만, 막상 현실에 부딪치면 나는 어떤가? 다르지 않다. 왜 이렇게 연약한가? 왜 이렇게 나는 변하지 못하는가? "이와 같이 성령도 우리의 연약함을 도우시나니"(롬 8:26). 너무 위로가 되는 말씀이다. 맞다. 나는 그냥 연약한 존재이다. 묵상도 좀 되고 음성도 들리고 하니 내가 무슨 뛰어난 영적 존재라도 된 거 마냥 교만했던 거다. 나는 연약하다. 나는 매일 넘어진다. 그래서 성령님이 나를 위해 간구하고 계시다. 그분의 간구 때문에 나는 오늘도 나의 연약함을 인식하고 그분을 붙들 수밖에 없는 것이다. "이것이 내게서 떠나기 위하여 내가 세 번 주께 간구하였더니 내게 이르시기를 내 은혜가 네게 족하도다 이는 내 능력이 약한 데서 온전하여짐이라 하신지라 이러므로 도리어 크게 기뻐함으로 나의 여러 약한 것들에 대하여 자랑하리니 이는 그리스도의 능력으로 내게 머물게 하려 함이라"(고후 12:8,9).

묵상 말씀 Meditation	주님은 내 연약함을 고쳐달라는 간구를 듣지 않으신 것이 아니다. 이미 아시고 들으시며 날 위해 중보하고 계신다. 다만 하나님을 의지하지 않아도 조금도 손색이 없는 사람이 되길 원하지는 않으신다. 내가 연약함 그대로 나오되 그것 때문에 한순간이라도 하나님 의지하지 않으면 안 되는 사람이 되길 원하신다. "내 은혜가 네게 족하다." 나는 족하지 않은데, 나는 이런 내 연약함이 너무 싫은데 왜 족하다고 하시는가? 그래도 주님은 나를 사랑해주시기 때문이다. 약할 때 강함 되시는 주님이 항상 함께하시기 때문이다. 이 약함 때문에 주님을 찾을 수 있기에 그것이 은혜이다. 오늘도 이 연약함으로 주님 앞에 나간다. 오늘도 내 이 못난 자아 때문에 주님을 붙들게 된다. 내 연약함이, 내 못난 자아가 주님을 만나는 이유가 된다. 주님을 붙드는 이유가 된다. "주여 우린 연약합니다. 오늘 하루를 힘겨워합니다. 주 뜻 이루며 살기에 부족합니다. 우린 연약합니다. 주여 우린 넘어집니다. 오늘 하루 또 실수합니다. 주의 긍휼을 구하는 죄인입니다 우린 주만 바라봅니다." 찬양의 가사가 마음에 다가온다. 주여, 온전히 완전하신 주님만 붙들게 하소서.
하나님의 음성 The Word of God	매일 기도하라. 매일 너의 못된 자아를 위해 기도하고 매일 너로 인해 상처받는 사람이 없도록 기도하라. 발걸음을 떼는 순간순간마다 너의 연약하고 초라함을 인정하며 더 나를 의지해야 한다. 나를 만나는 이유가 될 때 그 연약함은 더 이상 연약함이 아니다. 가장 큰 기쁨이 될 것이고 가장 큰 감사가 될 것이다.

실천 Practice	1) 나의 연약함을 보고 좌절하지 않기 2) 연약함이 보일 때 마다 더 간절히 주님을 찾기 3) 연약함을 감사로 바꾸기
기도문 Prayer	주님, 오늘도 이 못난 저를 만지시고 보듬어 주셔서 감사합니다. 제 약함이 주님을 만나는, 주님을 찾는 이유가 되게 하심에 감사합니다. 완벽해서 주님이 필요 없는 사람이 아니기에, 매일 주님 없이는 한 발자국도 뗄 수 없는 사람이기에 감사합니다. 더욱 주님께 의지하고 더욱 주님의 도우심을 구하게 하소서. 예수님의 이름으로 기도합니다. 아멘.

하나님 음성 듣기

초판 1쇄 발행	2020년 2월 3일
초판 2쇄 발행	2020년 3월 4일

지은이　　　이진황

펴낸이　　　여진구
책임편집　　이영주 김윤향
편집　　　　최현수 안수경 김아진 정아혜
책임디자인　노지현 조은혜 | 마영애 조아라
기획·홍보　김영하　　　　　　　　　해외저작권　기은혜
마케팅　　　김상순 강성민 허병용　　마케팅지원　최영배 정나영
제작　　　　조영석 정도봉　　　　　　경영지원　　김혜경 김경희

이슬비전도학교　최경식　　　　　　　303비전성경암송학교　박정숙
303비전장학회 & 303비전꿈나무장학회　여운학

펴낸곳　　　규장

주소　06770 서울시 서초구 매헌로 16길 20(양재2동) 규장선교센터
전화　02)578-0003　　팩스　02)578-7332
이메일　kyujang0691@gmail.com　　　　홈페이지　www.kyujang.com
페이스북　facebook.com/kyujangbook　　인스타그램　instagram.com/kyujang_com
카카오스토리　story.kakao.com/kyujangbook
등록일　1978.8.14. 제1-22

책값　뒤표지에 있습니다.
ISBN 979-11-6504-048-2 03230

이 도서의 국립중앙도서관 출판시도서목록(CIP)은 서지정보유통지원시스템 홈페이지(http://seoji.nl.go.kr)와
국가자료종합목록구축시스템(http://www.nl.go.kr/kolisnet)에서 이용하실 수 있습니다.
(CIP제어번호 : CIP2020003864)

규 | 장 | 수 | 칙

1. 기도로 기획하고 기도로 제작한다.
2. 오직 그리스도의 성품을 사모하는 독자가 원하고 필요로 하는 책만을 출판한다.
3. 한 활자 한 문장에 온 정성을 쏟는다.
4. 성실과 정확을 생명으로 삼고 일한다.
5. 긍정적이며 적극적인 신앙과 신행일치에의 안내자의 사명을 다한다.
6. 충고와 조언을 항상 감사로 경청한다.
7. 지상목표는 문서선교에 있다.

하나님을 사랑하는 자 곧 그의 뜻대로 부르심을 입은 자들에게는 모든 것이 합력하여 善을 이루느니라(롬 8:28)

Member of the
Evangelical Christian
Publishers Association

규장은 문서를 통해 복음전파와 신앙교육에 주력하는 국제적 출판사들의
협의체인 복음주의출판협회(E.C.P.A:Evangelical Christian Publishers
Association)의 출판정신에 동참하는 회원(Associate Member)입니다.